関西学院大学研究叢書　第164編

企業のリスクマネジメントと
キャプティブの役割

前田祐治
Yuji Maeda

関西学院大学出版会

企業のリスクマネジメントとキャプティブの役割

まえがき

　リスクの研究はおもしろい。リスク学は奥が深く、範囲が非常に広い学問だからである。2014年9月25日の日本経済新聞で、堀古英司著『リスクを取らないリスク The Risk of Not Taking Risks』（クロスメディア・パブリッシング社　2014年9月）という本が紹介されていた。そのタイトルからなるほどと思わされた。現代社会では、リスクをとらないことはリスクなのかもしれない。大げさに考えると、人の人生もリスクを取るべきときがあり、リスクを避けるべきときもある。まずはリスクをとらないとマネジメントははじまらない。リスクマネジメントは人生をマネジメントすることにつきるからである。

　私は20年ほどリスクに関連したビジネスの実務に携わってきた。大学卒業後、米国に本社がある損害保険会社に入社するためサンフランシスコに渡り、リスクエンジニアリングという仕事についた。その前、私は大学の電気工学部で電気材料研究室にいた。当時は高温でマイスナー効果をあらわす酸化超電導の研究が人気で、その研究に没頭していた。大学院進学を考えていた私が、まったく分野が違うアメリカの損害保険会社に入社を決めたのは、まさにリスクを取ったからである。海外で仕事がしたい、英語でビジネスができるようになりたい、そのためにはこの会社でアメリカに行くのが早道だと就職を決めてしまった。当時、損害保険会社にエンジニアが必要であるとはまったく知らなかった。入社後、リスクマネジメントが私のキャリア形成につながると気づいた。その保険会社は、リスクマネジメントをする顧客会社には保険料を下げ、リスクに見合った保険料を提示することで競争力を発揮していたのである。そのリスクを診断・評価し、保険料のために顧客にリスクの軽減策をアドバイスする技術者がリスクエンジニアだったのである。入社後数年間サンフランシスコとシカゴでその仕事を何とかこなし、東京に戻って同じリスクエンジニアに携わった。ニューヨーク、オーストラリアのシドニーでも同じような仕事を任された。

　正直言って海外での仕事の初期（サンフランシスコ滞在の時期）は、私にとって非常に苦労した苦い思い出しかない。特に英語が会話レベルにおいて

も、また書くレベルにおいてもまったくできなかったからである。会社には日本人は私しかおらず、レポートを出しては多くの赤字で修正されて戻されたことを鮮明に覚えている。しかし、考えてみるとそこでの苦労が後々実を結び、花を咲かせてくれた。「リスク」を取ったからこそ「リターン」を得たと本書を書きながら思っている。人はリスクを取らなければならないときがあると痛感した。ピーター・バーンスタイン（青山護訳）の『リスク　神々の反逆』（日本経済新聞社　1998年）において次のような面白い文章がある。

> この問題（リスクの問題）は、未来は過去によってどの程度決定されるかという人々の考え方の違いに帰着する。それが未知である以上、われわれは未知を計量化することはできない。だが、過去に起きたことを詳細に検討することで数字をどのように利用するかを学ぶことができる。とはいえ、未来を予測するに際して過去のパターンをどの程度信頼すればよいだろうか。リスクに直面したときに問題になるのは、眼前にある事実だろうか、それとも無限時間に隠されているわれわれの主観的信念だろうか。リスクマネジメントは科学だろうか、それとも芸術だろうか。あるいは、これらの2つのアプローチの間に明確な境界線を引くことができるだろうか。

さて、現代はリスク社会であるといわれている。企業をとりまくビジネス環境の変化は激しさを増し、企業におけるリスクマネジメントの重要性が高まっている。「ハイリスク＝ハイリターン」の高い「リターン」をあげるためには、企業は「リスク」を取らなければならない。しかし日本の経営者は、リスクマネジメントの重要性は認識しつつ、リスクマネジメントの「価値」を認識できていないようだ。価値という視点からのリスク研究が重要になっているのは今である。

　そこでリスクマネジメントが企業価値を向上させているのかとの大研究課題にチャレンジし、私が行ってきた研究成果をまとめたいと思い1年以上の時間を費やして本書を完成させた。本書では「リスク」「リスクマネジメント」「保険」「ファイナンス」「キャプティブ」そして「リスクファイナ

ンス」をキーワードにして、様々な方面から本研究課題にアプローチし、理論的また実証的に考察・検証した研究成果を公表することを目的としている。また、私のリスクエンジニアリングとリスクコンサルティングの現場での実例も織り交ぜた。

　私が「リスクファイナンス」という分野があることを知り興味をもったのは、インディアナ大学大学院のビジネススクールで（故）John Long 教授と出会ったときに始まり、同 MBA コースで Hettenhouse 先生（インディアナ大学教授）、Bouquest 先生（インディアナ大学教授）、Smart 先生（インディアナ大学教授）などの諸先生方から「ファイナンス」を学んだからである。同大学のファイナンスの授業では、日本でいわゆる「現代ファイナンス」とよばれるものであるが、「リスク」と「リターン」の関係を明確に説明してくれる合理的な理論を学んだ。エンジニアあがりの私にはその理論は受け入れやすく非常に面白かった。MBA での私のプレゼンはつたないものだったが、唯一ファイナンスの数値分析ではチームに貢献することができた。MBA 終了後、リスクファイナンスを仕事にしたいと思い、アメリカの会社のリスクコンサルティング部に再就職し、そこで実際に行われていたリスクファイナンスに「キャプティブ」があり、「ファイナイト」があり「統合リスク」があったのである。当時 1990 年後半から 2000 年初期にかけて保険と金融を融合させた手法を使うことがアメリカ企業ではやっていた最中に、私はその業界にいた。ニューヨーク本社のその部署で、まさに実務でリスクファイナンスを体験する機会をもてた幸運に恵まれたのである。

　読者の皆さんには「キャプティブ」という言葉に馴染みがない方が多いだろう。キャプティブは保険会社以外の事業者の子会社で保険業を本業とする保険会社のことである。世界には現在 6000 社を超えるキャプティブが存在する。米国企業が多いが、今ではヨーロッパでも多くの企業がキャプティブを設立し、所有している。日本企業も大手の国際企業はキャプティブをもっている。本書を書く前年、池内光久氏、杉野文俊氏との共著で『キャプティブと日本企業　リスクマネジメントの強化にむけて』（保険毎日新聞社 2013 年）を出版させて頂いた。池内氏とは同じ会社の仲間としてキャプティブを設立する業務で一緒に仕事をさせて頂いた。この実務経験で、日本企業がキャプティブを設立することの難しさを私は身をもって感じたのである。

滋賀大学博士後期課程で研究者の卵としてスタートしたとき、まずキャプティブを掘り下げて研究したいと思ったのは以上のような背景がある。なぜ企業は一般の保険会社を使わずキャプティブを設立するのであろう？　という研究テーマでスタートした。その課題に対し、企業のリスクマネジメントのニーズと企業価値の創造があるのではないかと仮説を立て検証しようと考えたわけである。それ以降足かけ8年にわたって研究してきた成果をまとめたのが本書である。

　さて、本書は8章で構成されている。上記『キャプティブと日本企業　リスクマネジメントの強化にむけて』は実務書でキャプティブを中心に詳しく説明しているが、本書はリスク、リスクマネジメント、キャプティブ、リスクファイナンスについてより広域で理論的な内容となっている。その構成について、少し述べておこう。

　第1章「リスク、リスクマネジメントと保険の経済理論」では、リスクの定義に関する議論に始まり、リスク下での意思決定、期待効用理論、保険のニーズ、モラルハザードや逆選択の問題、企業リスクマネジメントと保険の需要、企業におけるリスクマネジメントの必要性、企業における保険の必要性について論じる。

　第2章「リスクマネジメントと事業中断リスク」では、リスクマネジメントの定義、リスクマネジメントがプロセスであること、リスクマネジメントを導入する目的と効果について議論する。そして、企業が直面するリスクの中で一番の脅威な事業中断リスクを中心にその後の議論を展開する。事業中断リスクの評価、そのリスクアセスメントの方法論、リスクの対応策、財務的な影響の分析、事業中断リスクのマネジメントとコントロールについて議論を深める。本章の議論は、私の実務経験から得られた一次資料に頼るところが大きい。

　第3章「リスクマネジメントとHPR」では、リスクマネジメントと保険を組み合わせて開発された「HPR-Japan」のケースを取り上げ議論する。「HPR」は「Highly Protected Risk」の略で「高度に防災化されたリスク」と訳して良いであろう。逆選択とモラルハザードを軽減するこの細分化保険商品HPRは、1980年代、米国市場の企業における財物保険で大きな市場を獲得していた。「HPR-Japan」は、1980年後半にケンパー社が企業分野の主

力保険商品として日本市場に投入した日本初の財物保険である。それ以後十数年して、「HPR-Japan」は成功することなく終わる。本章は、この1つの失敗事例を通じて、米国式のリスクマネジメントがなぜ日本に受け入れられなかったのか？ また、防災システムの企業への導入が、日本においていかに困難かについて、HPRのケースを紹介し論じる。さらに、今後の日本における財物リスクマネジメントの課題と克服すべき問題を提起し、HPRが現在の保険業界と企業のリスクマネジメントに残した遺産について論じる。本章の議論もまた、私の実務経験から得られた一次資料に頼るところが大きい。

第4章「リスクの計量化　製造物賠償責任モデルの推定」では、企業における実際の製造物賠償責任損害のデータを用いて、その累積損害がレヴィ過程の1つである複合ポアソン過程に従うと仮定し、製造物賠償責任リスクのモデル化を試みた。特に、先行研究から損害分布としての適応度が高いと考えられている5つの分布（逆ガウス、ガンマ、対数正規、パレートとワイブル分布）に注目し、それらの分布を使ったモデル推定を行い、最適なモデルを見つけることを行う。

第5章「キャプティブと日本企業」からキャプティブの議論をはじめる。まず、キャプティブにおける論点を整理し、キャプティブの潮流、その定義とスキーム、キャプティブ設立による企業の恩恵について議論する。一方、キャプティブ設立・利用において日本企業が直面する問題点と日本企業のキャプティブ利用の際の条件について質的な議論を深める。

第6章「キャプティブ設立による日本企業の価値創造」ではキャプティブ設立による価値創造について議論する。本章でいう価値創造は、通常の保険を購入しリスク移転することによるリスクコストの現在価値とキャプティブ設立による同コストの現在価値を比較して、キャプティブ設立による負の価値が保険の負の価値よりも大きいという仮説をたてて分析を行った。本章では、現実的な想定下で、ガーンジー、ルクセンブルグ、ダブリンの3つのドミサイル（設立地）に日本企業がキャプティブを設立したと想定し、DCF（割引現在価値）法により比較分析を行う。

第7章「日本企業キャプティブの株主価値」はキャプティブ設立による株主価値に注目し、日本企業は株主価値創造ができるのかを、モンテカルロ・

シミュレーション手法により検証する。多くの変動要因を過去のデータからモデル化し、バミューダ、ハワイ、ガーンジーの3つのドミサイルに日本企業がキャプティブを設立し、3年間営業を行うと想定、1万回のシミュレーションを行うことで株主価値の確率分布を出力し分析を行う。

　第8章「リスクファイナンス　ファイナイト・リスク・プログラムのリスクマネジメントへの適用と問題点」では主に金融と保険の両方を含めたリスクファイナンスについて論じる。保険もリスクファイナンスの1つであり、また金融派生商品であるデリバティブもその1つである。本章では、企業の様々なリスクファイナンスに焦点をあてて、それらの利点と問題点について論じる。現在のビジネスは国際化がリスクを複雑化し、保険だけでの対応は難しい。その国際化するリスクには基本的に3つの対応策がある。

① 　ファイナンス（金融手法）によるリスク対応。
② 　保険（例えば、「グローバルプログラム」とよばれる国際企業包括保険契約）によるリスク対応。
③ 　金融と保険を融合させた保険商品での対応。

　上記③では1990年代後半から2000年初頭にキャプティブにより頻繁に使われた「ファイナイト・リスク・プログラム」について議論する。このファイナイトを悪用し倒産にまで至ったオーストラリアの保険会社 HIH 社と、日本の保険会社でファイナイトに関わった3つの保険会社のうち2つの会社が他社に合併吸収を余儀なくされた事例、また AIG 社も再保険でファイナイトを使った決算が粉飾だと指摘され大きな賠償金を支払った等々ファイナイトにまつわる悪い話が後年数多く出てきた。本章では HIH 社と日本の保険会社のケース分析も行い、リスクファイナンスの問題点を指摘した。

　本書の出版にあたっては、博士後期課程入学以来現在にいたるまで、酒井泰弘先生(滋賀大学名誉教授)には親身なるご指導を頂戴し大変お世話になっている。心より感謝申し上げたい。また、中野裕治（滋賀大学教授）・後藤實男（滋賀大学教授）両先生には博士論文の書き方、研究の仕方、研究者としての姿勢など色々と有益なアドバイスを頂いた。学会や研究会の場では、河野正道（関西学院大学教授）、岡田太志（関西学院大学教授）、久保英也（滋賀大学教授）、高尾厚（神戸大学教授）、宮原孝夫（名古屋市立大学教授）、Nicos A. Scordis (St. John's University 教授)、諏澤吉彦（京都産業大学准

教授)、曽根秀一(帝塚山大学専任講師)の諸先生方にはいつも温かい激励の御言葉をいただいている。本書の発刊にあたって関西学院大学出版会の田中直哉氏と浅香雅代氏には編集と出版で、カバーのデザインは土屋みづほ氏にお世話になった。最後になるが、多忙な中私を支えてくれた妻と3人の子供達に本書を捧げたい。

2014年10月　関西学院大学新月池のほとりで

前田　祐治

目　次

まえがき　iii

第1章　リスク、リスクマネジメントと保険の経済理論　　1

第1節　リスクの定義　*1*
第2節　リスク下での意思決定　*2*
第3節　期待効用理論　*4*
第4節　保険の需要　*6*
第5節　保険のリスクプレミアム　*8*
第6節　モラルハザード（Moral Hazard）　*10*
第7節　逆選択（Adverse Selection）　*13*
第8節　株主の視点からの企業リスクマネジメントの需要　*18*
第9節　企業経営者の視点からのリスクマネジメントの需要　*21*
第10節　企業における保険の必要性　*28*
第11節　結論　*31*

第2章　リスクマネジメントと事業中断リスク　　33

第1節　リスクマネジメントの定義　*33*
第2節　リスクマネジメントのプロセス　*35*
第3節　リスクマネジメント導入の目的と効果　*39*
第4節　事業中断リスク　*41*
第5節　事業中断リスクのマネジメントとリスク移転（保険）の活用　*55*
第6節　結論　*55*

第3章　リスクマネジメントとHPR　　　　　　　　　　57

第1節　はじめに　*57*
第2節　高度防災設備が施されたリスク
　　　　「HPR：Highly Protected Risk」とは？　*58*
第3節　商用財物リスク
　　　　工場などの建物・装置等の物リスク　*60*
第4節　米国における保険会社の防災技術　*61*
第5節　HPRの条件　*62*
第6節　日本におけるHPRの可能性
　　　　日本の消防法と米国のNFPA理念・考え方の違い　*66*
第7節　日本におけるHPRの現状　*67*
第8節　1990年代のHPR米国市場　*69*
第9節　HPRの貢献　*70*
第10節　おわりに　*71*

第4章　リスクの計量化　　　　　　　　　　　　　　　73
製造物賠償責任リスクのモデル推定

第1節　日本企業が直面する製造物賠償責任リスク　*73*
第2節　損害保険リスクのモデル推定　*74*
第3節　データとモデル推定手法　*76*
第4節　モデル推定と検定結果　*87*
第5節　結論　*90*

第5章　キャプティブと日本企業　　　　　　　　　　　93

第1節　キャプティブの論点　*93*
第2節　キャプティブの潮流　*94*
第3節　キャプティブの定義とスキーム　*95*
第4節　キャプティブ設立による被保険者である企業の利点　*95*
第5節　日本企業のキャプティブ設立と利用の問題点　*101*
第6節　日本企業がキャプティブを設立する際の条件　*105*
第7節　結論　*107*

第6章　キャプティブ設立による日本企業の価値創造　109

第1節　背景と目的　*109*
第2節　先行研究　*110*
第3節　キャプティブの設立地（ドミサイル）　*111*
第4節　DCF分析による正味現在価値　*117*
第5節　結果と考察　*124*
第6節　結論　*128*

第7章　日本企業キャプティブの株主価値　139

第1節　はじめに　*139*
第2節　研究アプローチとデータ　*140*
第3節　分析結果と考察　*148*
第4節　結論　*156*

第8章　リスクファイナンス　159
ファイナイト・リスク・プログラムのリスクマネジメントへの適用と問題点

第1節　はじめに　*159*
第2節　国際リスクと4つの財務的リスク対応　*160*
第3節　リスクファイナンス　*162*
第4節　金融と保険の融合の問題点
　　　　ファイナイトが起因した保険会社の倒産　*179*
第5節　おわりに　*186*

参考文献　189
索　引　197

第1章
リスク、リスクマネジメントと保険の経済理論

第1節　リスクの定義

　多くの保険の教科書をみると、「リスク」を「事故（Accident）」「損失（Loss）」または「損害」「損害の起こる蓋然性（Probability of a loss）」「損害を起こす状態（Exposure）」「損害発生の不確実性（Uncertainty）」などと様々に定義している。保険でいうリスクとは総じて、「保険で補償する、または補償することができる損害とその損害が起こる原因や状態・状況」と考えているのである。保険業界では、一般的に、これら保険で支払われるリスクを「純粋リスク（Pure Risk）」とよんでおり、経済的にマイナスな影響を与えるものに限定する。逆にプラスな影響を与えるものは、「投機リスク（Speculative Risk）」であるとする。実際、保険は純粋リスクしか補償しないし、事象が起こっただけでは保険金は支払わない。保険には、2つのトリガー［引き金（trigger）］が必要である。つまり、1つは事象の発生であり、2つは損害が生じることである。そのため保険金支払いは「ダブルトリガー（Double Trigger）」が条件であるといわれる。

　一方で、統計学者や経済学者は、リスクを変動（Variability）と定義する。つまり、経済的にプラスにもなり、またマイナスの影響にもなるものとしており、「リスク」は「期待される状態と現実との差」であって「不確実性（Uncertainty）」と説明される。現代ファイナンスにおいても、「ボラティリティ（Volatility）」とは事象の発生分布における「分散（Variance）」または「標

準偏差（Standard Deviation）」のことをリスクと定義している。

　2009年11月15日に発行されたISO（International Standard Organization）規格31000「リスクマネジメントのガイドライン」においては、「リスクマネジメント」はネガティブな影響を管理するのにとどまらないと定義しており、広義な意味でのリスク、つまりプラスもマイナスも包含すると定義することを一般化しようとの意図が垣間見られる。本章ではあえて経済学者の定義に従って「リスク」を「期待される状態と現実との差」「不確実性」または「蓋然性」と定義して議論したい。

　「不確実性」は、我々が将来を正確に予想することができないことに起因する。したがって、不確実な状態は我々にとってリスクなのである。不確実な状態、つまりリスクは、企業や個人の意思決定に大きな影響を与える。不確実な状態やリスクが企業の経営者にとっては、意思決定時に複雑でやっかいな問題を引き起こすからである。本章ではリスクが伴う状態においての意思決定がどのようであるかをリスクの経済理論を交えながら展開する。

第2節　リスク下での意思決定

　ここにA氏を登場させ、A氏の投資問題を例にあげてリスクを分析する。A氏は100万円の資金を持っており、この資金を次の3つの投資案件に投資しようと考えている。

1. 100万円を「たんす預金」として保管する。したがって、1年後の資金残高は100万円で変化しない。
2. 100万円を安全銀行の定期預金に預ける。これは1年間で7%の金利が付く定期預金であり、したがって1年後には残高は107万円になる。
3. 某会社の株に全額投資する。この株式投資は1年後には50%の確率で130万円になるか、50%の確率で85万円になるものとする。

　A氏が3つの選択肢から何を選ぶかの基準となる指標は、1つにそれぞれの期待値を比較することである。期待値の尺度によると、A氏は期待値の一番高い選択肢を選ぶべきであるとの結論が得られる。期待値 EV（Expected

Value）は以下の式で表される。

$$EV = \sum_i P_i X_i$$

ただし、P_i は事象 X_i が起こる確率である。

　選択肢1の期待値は100万円で、選択肢2の期待値は107万円、選択肢3の期待値は107万5000円と求められる。したがって、期待値の基準によると、A氏は選択肢3を選ぶことになる。現実には、A氏は選択肢1よりは選択肢2を選ぶであろうが、選択肢2よりも選択肢3を迷いもなく選ぶかどうかは疑わしい。むしろA氏がそれぞれの期待値とリスクを考えたときに、選択肢3よりも選択肢2を選ぶ可能性は高いのではないかと推測できる。
　このように期待値の尺度で考えたとき、人間の実際の行動を十分説明できないことがある。その理由は、人間は多くの場合、リスクを避ける（Risk Averse）習性をもっているからである。したがって、期待値はリスクの視点を無視している点で欠陥があるといえる。
　例えば、次のようなコイン投げのギャンブルを考えてみる。もし1枚のコインを投げて表が出た場合にはプレイヤーは2万円を得るがそれでゲームは終了。コインを投げて裏が出たときには、もう一度そのコインを投げることができるとする。2回目でコインの表が出たとき、2万円の二乗つまり4万円を得ることができるがそれでゲームは終了する。裏が出たときにはもう一度コインを投げることができる。3回目にコインの表が出たときには、2万円の三乗、8万円を得ることができるがそれでゲームは終了する。裏が出たときにはもう一度コインを投げることができる。これを繰り返す。このギャンブルの期待値 EV は以下の式であらわされる。

$$EV = \sum_{i=1}^{\infty} \left(\frac{1}{2}\right)^i \times 2^i = 1 + 1 + 1 + \cdots = \infty$$

　上記式が示すように、このギャンブルの期待値は無限大であり、ギャンブラーは必ずこのギャンブルをするであろうと理論的には説明される。しかし、実際にはこのギャンブルに参加するために10万円も払う人はいるであろうか？

この実験は18世紀のスイス人の数学者である、ダニエル・ベルヌーイ (Daniel Bernoulli in 1738) の「サンクトペテルブルグのパラドックス (the St. Petersburg paradox)」とよばれる有名な実験であるが、ここでベルヌーイは人間の行動は期待値では説明できないものであると結論づけている。人間の行動には、期待値と同時に追加的な尺度が必要である。例えば、リスクを加味した尺度が人間の行動を説明するのには必要なのである。

第3節　期待効用理論

期待値から発生するリスクの問題を解決したのは、ジョン・フォン・ノイマンとオスカー・モルゲンシュテルン [von Neumann and Morgenstern (1944)] である。彼らは「期待効用 (Expected-utility)」の基準がその問題を解決すると論じた。ここで「効用」とは、貨幣から得られる満足度を尺度として定義している。また、リスクを避ける個人は効用関数が次のような特徴をもつことを示した。

- 効用は金銭が増加するに伴い増える。
- 限界効用は金銭が増加すると減少する。

リスクを避ける個人におけるこの仮説は、「限界効用逓減の法則 (the law of diminishing marginal utility)」とよばれるもので、リスクを避ける個人の効用曲線は図1-1のようにあらわされる。

前述のA氏の例では、その効用曲線は図1-2であらわされる。

選択の基準は、期待値だけではなく効用値も用いる。期待効用値は次の公式により表現される。

$$EV = \sum_i p_i \times U(X_i)$$

ここで P_i は事象 i が起こる確率であり、$U(X_i)$ は X_i に対応する効用値である。

効用関数が金銭の平方根であらわされると仮定する場合、効用関数は以下

第1章　リスク、リスクマネジメントと保険の経済理論　　5

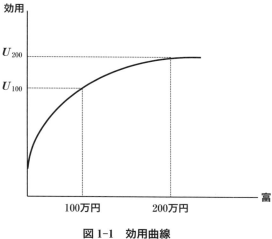

図 1-1　効用曲線

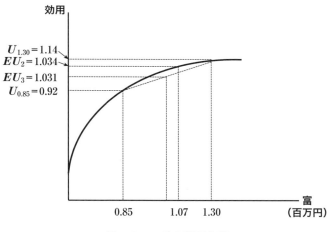

図 1-2　A 氏の効用曲線

の式であらわされる。

$$U(X_i) = (X_i)^{\frac{1}{2}}$$

選択肢2の期待効用値を EU_2、選択肢3の期待効用値を EU_3 であるとおくと、それぞれ以下のように求められる。

$$EU_2 = 1.0 \times U_{1.07} = 1.0 \times (1.07)^{\frac{1}{2}} = 1.034$$

$$EU_3 = 0.5 \times U_{0.85} + 0.5 \times U_{1.30} = 0.5 \times (0.85)^{\frac{1}{2}} + 0.5 \times (1.30)^{\frac{1}{2}} = 1.031$$

ただし、

$$U_{0.85} = (0.85)^{\frac{1}{2}} = 0.92$$

$$U_{1.30} = (1.30)^{\frac{1}{2}} = 1.14$$

よって、

$$EU_2 > EU_3$$

期待効用の尺度では、A氏は選択肢3よりも選択肢2を選ぶことが説明できる。

第4節　保険の需要

ギャンブルと違って、保険はリスクに対して逆の効果をもたらす。ギャンブルはある富の一部を犠牲にすることで大きな富を得るチャンスをもたらすことであるが、保険は富の一部を犠牲にすることで富の損失する可能性を除去するものである。人はお金を払うことでギャンブルの中でリスクをとるのであるが、人は保険をお金で買うことによりリスクを避けるのである。したがって、保険料はリスクを避ける対価であるということは損害の数理的な期待値と等価であるともいえる。

例えば、B氏が12百万円の富を有しているとする、そのうち10百万円

は家の価値であるとする。家が焼失したとき、B 氏の富は 12 百万円から 2 百万円に減少するとする。火災の起こる確率を 25％であるとすると、25％の確率で火災が起こり、富が 2 百万になることと、75％の確率で富が 12 百万円に維持されるとの二項分布（Binominal distribution）で考えられる。

B 氏の期待値を効用理論で考えるとどうなるであろうか？ 保険のない条件下での効用値 $EU_{noinsuranca}$ は以下の式であらわされる。

$$EU_{noninsurance} = (0.75) \times U(12) + (0.25) \times U(2)$$

次に、B 氏が家の火災保険を購入するとする。火災保険の保険料は、損失の期待値として求められる。そこで損失の期待値 EV_{loss} は以下で求められる。

$$EV_{loss} = (0.25) \times (10) = 2.5$$

したがって、保険料は 2.5 百万円となる。

もし B 氏が保険を購入し 2.5 百万円を支払うとする。保険を購入したときには損失の可能性を排除できるので、保険購入の期待効用値と保険を購入しない期待効用値は以下のようになる。

$$EU_{insurance} = (1.0) \times U_{9.5} = U_{9.5}$$

$EU_{insurance}$ は図 1-3「効用曲線と保険（1）」の効用曲線の Q 点である。

$$EU_{noninsurance} = (0.25) \times U_{2.0} + (0.75) \times U_{12}$$

$EU_{noninsurace}$ は図 1-3 の効用曲線の P 点である。仮に、B 氏がリスクを避ける人であり、図 1-3 のような効用曲線をもっているとする。保険を購入する期待効用点 Q 点は保険を買わない期待効用点 P 点よりも高い位置（高い効用点）にあるので、保険料が損害の期待値であると仮定した場合、リスクを避ける人は保険を買うという行動をとるであろう。これがいわゆる「ベルヌーイの定理（the Bernoulli principle）」である。

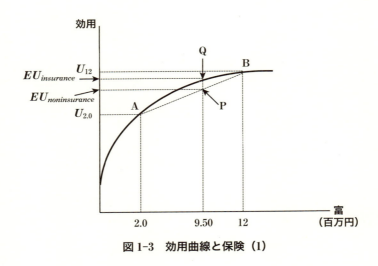

図 1-3　効用曲線と保険（1）

第5節　保険のリスクプレミアム

　保険料が数理的に計算された損害の期待値であると仮定したときの保険料とは「純保険料（pure premium）」といわれるものである。しかし、保険料は損害に対する純保険料以外のコスト、例えば保険証券を発行する事務費、代理店の手数料、保険会社経営の諸経費、保険金支払いの手続きなどのコストも同時に反映される。これら付加費用は純保険料の10％から50％にもなる。実際、保険研究所出版の損害保険統計号によると、日本の損害保険事業では平成24年度の正味事業費率は33.8％にも及んでいる。

　例えば、B氏の火災保険の付加費用が純保険料の20％だとしよう。その場合、保険料は純保険料2.5百万円に0.5百万円の付加費用を加えて、3百万円となる。この場合の効用値と保険は図1-4「効用曲線と保険（2）」のようになる。

　図1-4では、B氏が付加費用を含めた保険料で保険を購入したときの期待効用値 $EU_{insurance2}$ が点Rで、保険を購入しないときの期待効用値 $EU_{noninsurance}$ の点Pよりも大きい値を示している。この曲線によれば、B氏は保険を購

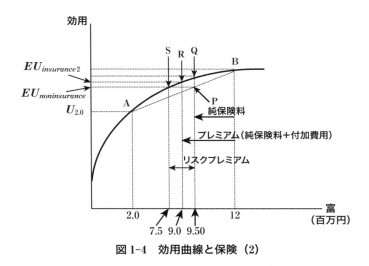

図 1-4 効用曲線と保険（2）

入することになる。さらに、保険会社が費用を付加し、点Qから点S（このとき付加費用を含めた保険料は 4.5 百万円）までは、保険購入の効用値が点P（保険を購入しない期待値）よりも高いので保険を購入することになる。しかし、保険会社がそれ以上付加費用を乗せると、保険をかけない期待値の方が高くなるので保険は購入しない。したがって、点Sは保険会社が課する最大の保険料の限界点となる。この付加することのできる費用の最大値を「リスクプレミアム」とよんでいる。この場合、リスクプレミアムは2百万円（9.5-7.5=2.0）である。もし、期待効用が点Sを越えて点Aに近づくとすると、もはやB氏は保険を購入しない。なぜなら、保険を買わない期待値が、保険を購入する効用値を上まわるからである。

しかし、期待効用仮説に関する問題点は次のように2点ある。

1. **効用曲線の形状は？** かりに期待効用値が判明したとしても、個人の効用曲線を明らかにしなければならない。個人の期待効用曲線は、個人のリスクに対する態度の違いとともに、時間、場所、生活水準、資産規模、その他の要素とともに変化する。実際の効用曲線がどのような曲線であるのかを明確化するのは困難である。

2. **個人か企業か？**　企業のリスクマネジメントは、多くの場合、個人と同様に、企業はリスクを避けるものであるという仮説に基づいている。しかし、現実には企業は多くの違ったリスク態度をもったステークホルダーから成り立っているのである。ステークホルダーには債権者、株主、経営者、従業員、下請け会社、契約業者など様々違ったリスク感をもつ人がいる。それら総体である企業を1つと見なし、個人のようにリスク回避であると一律に考えるのは不適切であるかもしれない。

一方で、保険には「モラルハザード」と「逆選択」という根本的な問題点がある。第6節ではそれらの問題点を論じる。

第6節　モラルハザード（Moral Hazard）

保険は企業から保険会社へのリスク移転の手段である。リスクを移転した企業経営者は、リスクがなくなることでその行動を変化させる。その行動の変化はリスクを引受けた保険会社にとって大きな問題であり、注視すべきこととして「モラルハザード」とよんでいる。つまり、リスクを移転した企業は、リスクを軽減しようとの動機づけがなくなり、リスク軽減行動を行わないのである。

モラルハザードは次の2つに分類される。1つは、「損害発生前のモラルハザード」、もう1つは、「損害発生後のモラルハザード」である。「損害発生前のモラルハザード」は、損害発生前に、その発生頻度を低減する策を講じなかったり、損害規模を軽減する方策を怠ったりすることである。自動車保険に加入のドライバーが保険未加入のドライバーよりも安全運転を怠りがちになることはその例である。

一方、「損害発生後のモラルハザード」は、損害が発生したときまたは後に、事故の規模拡大を回避する、または軽減する方策を怠ることである。例えば、火災保険加入の住居人は、火災保険未加入の住居人よりも火災を消火するような態度をとらないであろう。

（1）モラルハザードの保険への影響

　一例をあげる。C氏は120百万円の現金と60百万円の車を所有している。もし、C氏が車の事故に遭うとしたら、車の価値を全額損失するとしよう。彼が高速で車を走らせた場合の事故に遭う確率は50%であり、注意を払って運転した場合には事故に遭う確率は20%であるとする。さらに、注意深く運転した場合には彼は仕事に遅刻をし、その損失は10百万円であるとする。C氏の期待効用値は富の平方根であるとする。彼の注意深く運転する期待効用EU_{care}と高速で運転する期待効用$EU_{noncare}$は次の方程式を満足する。

$$EU_{care} = 0.8 \times U(180-10) + 0.2 \times U(180-60-10)$$
$$= 0.8 \times (170)^{\frac{1}{2}} + 0.2 \times (110)^{\frac{1}{2}} = 12.53$$

$$EU_{noncare} = 0.5 \times U(180) + 0.5 \times U(180-60)$$
$$= 0.5 \times (180)^{\frac{1}{2}} + 0.5 \times (120)^{\frac{1}{2}} = 12.19$$

よって、

$$EU_{care} > EU_{noncare}$$

期待効用の仮説においては、C氏は注意深く運転すると考えられる。

　次に、C氏は損害の数理的に計算された期待値を純保険料（付加費用は含まれない）で提供された自動車保険を購入する場合を考える。保険会社はC氏が注意深く運転することを前提に保険料を算出すると仮定すると、保険料P_{care}は以下のように計算される。

$$P_{care} = 0.2 \times 60 = 12$$

反対に、保険会社がC氏が高速で運転すると仮定して保険料を算出すると仮定すると、保険料$P_{noncare}$は以下のように計算される。

$$P_{noncare} = 0.5 \times 60 = 30$$

　C氏に対して保険会社はどちらの保険料を提示するであろうか？　余分な保険料を払ってまでC氏が注意を払って運転するとは考えられない。C氏

が注意を払って運転することによる利得はC氏ではなく、保険会社が享受するからである。

彼は追加的に保険料を払い注意深く運転するよりはむしろ注意深くは運転しないであろう。したがって、モラルハザードを考えたとき、保険会社はC氏に30百万円を提示することになるのである。

その場合、保険を購入したC氏の高速で運転する期待効用 $EU_{insurance}$ は以下のように示される。

$$EU_{insurance} = U(180 - 30)$$
$$= U(150)$$
$$= 150^{\frac{1}{2}}$$
$$= 12.25$$

したがって、次の不等式が成立する。

$$EU_{care} > EU_{insurance} > EU_{nocare}$$

期待効用の仮説において、モラルハザードを考慮に入れると、C氏は保険を購入するよりはむしろ注意を払って運転するほうを選ぶことになる。言い換えれば、モラルハザードによりベルヌーイの定理が成立しないことを意味する。

(2) モラルハザードへの保険会社の対応

前述のようにモラルハザードにより、人々は保険を購入しないであろうとの結論が導き出される。このモラルハザードの問題を軽減するため、保険会社は次のような対応策を模索する。

1. 免責金額（Deductible）の設定
   免責金額とは、保険金額の一部を契約者（被保険者）が負担すること。これは保険金額に対するパーセンテージ、または実額での提示で設定される。保険金は免責額を差し引いて支払われるので、免責部分は被保険者の自己負担金となる。
2. 共同保険（Coinsurance）
   保険契約において、損害額（保険金）を保険会社と契約者（被保険者）

が分担する仕組みのこと。この場合、契約者（被保険者）は保険会社とともに「保険者」とみなされる。
3. 遡及型保険料算出保険（Retrospective Rating Plan）
保険契約期間における実際の損害率により、事後に保険料を決定する保険契約のこと。
4. 経験勘定方式保険（Experience Rating Plan）
契約者の過去1年間の損害履歴を見た上で保険料を決定する保険契約のこと。

上記の4つの対応策のうち、最初の2つは、契約者が損害の一部を負担するという意識が損害を未然に防ごうとする動機づけにつながる。また、その行動が契約者にも利得として反映する仕組みとなっている。最後の2つは、損害を軽減することが保険料の低下に反映することで、注意する契約者の利得につながる仕組みである。

第7節　逆選択（Adverse Selection）

市場の原理・原則は、売り手と買い手が「情報の対称性（Symmetrical Information）」をもつことにある。つまり、売り手と買い手のもつ情報がすべて共有されることである。現代ファイナンスにおける効率的な市場とはこの原則、つまり完全に情報開示がされているとの仮説に基づいて論理展開されている。しかし、実際は、市場は非効率で、「情報の非対称性（Asymmetric）」の矛盾を抱える。例えば、売り手が買い手よりもその商品に対して情報を多くもっているのが普通である。この場合、売り手はそのもっている情報により買い手から利得を得ようと考える。この問題を「逆選択」の問題とよぶ。ジョージ・アカロフ［Akerlof (1970)］が「レモンの問題」として最初に紹介したのが、この逆選択の問題である。

この問題について保険を考えたとき、保険を購入する契約者（被保険者）が保険会社よりもリスクに関する情報をより多くもっている。この保険者と被保険者との情報の非対称性（情報所有が同じでない）が保険市場に大きな影響を与える。つまり、保険購入者（被保険者）は彼自身だけがもつリスク

情報を利用して、数理的に計算された損害の期待値よりも安い保険料で保険購入ができるのである。その結果、リスクが高い人が保険を利用しようとする。これが保険分野における逆選択の問題の本質である。

逆選択の問題は、保険会社がすべての保険購入者（被保険者）に公平に保険料提示できないときに起こる。地震保険を例にあげると、断層のそばに住む居住者（リスクの高い人）は、断層から離れた場所の居住者（リスクの低い人）よりも、地震保険に加入しようとするであろう。この場合、保険会社がリスクの高い人とリスクの低い人を適切に分離し、違った保険料を提示できれば問題にはならない。保険会社が彼らを適切に分離することができないことに保険における逆選択の問題がある。

(1) 逆選択問題が保険に与える影響

つぎのD氏とE氏の場合を考えてみよう。両氏とも同じ効用関数をもち、効用値は富の平方根であると仮定する。両氏とも150百万円の富（資産）を持ち、両氏とも100百万円の損害が起こる可能性をもつとする。ただし、損害の蓋然性（損害が起こる確率）は異なり、D氏はリスクの低い（損害が起こる確率の低い）人であり、E氏はリスクの高い（損害が起こる確率の高い）人である。D氏の損害確率は20%であり、E氏の損害確率は80%である。

ベルヌーイの定理によると、数理的に計算された損害の期待値で保険料を計算する場合、両氏とも保険を買うことになる。

D氏の保険を買わないときの期待効用値を $EU^D_{noninsurance}$ とし、保険を買ったときの期待効用値を $EU^D_{insurance}$ する。また、E氏の保険を買わないときの期待効用値を $EU^E_{noninsurance}$ とし、保険を買ったときの期待効用値を $EU^E_{insurance}$ とする。この場合、次の等式が成立する。

$$EU^D_{noninsurace} = 0.2 \times U(150-100) + 0.8 \times U(150)$$
$$= 0.2 \times 50^{\frac{1}{2}} + 0.8 \times 150^{\frac{1}{2}}$$
$$= 11.21$$

$$EU^D_{insurance} = U(150 - 100 \times 0.2)$$
$$= 130^{\frac{1}{2}}$$
$$= 11.40$$

$EU_{insurance}^{D} > EU_{noninsurance}^{D}$ であるのでベルヌーイの定理は成立する。

一方、E氏に関しては下記の等式が成立する。

$$EU_{noninsurance}^{D} = 0.8 \times U(150-100) + 0.2 \times U(150)$$
$$= 0.8 \times 50^{\frac{1}{2}} + 0.2 \times 150^{\frac{1}{2}}$$
$$= 8.11$$

$$EU_{insurance}^{E} = U(150 - 100 \times 0.8)$$
$$= 70^{\frac{1}{2}}$$
$$= 8.36$$

$EU_{insurance}^{E} > EU_{noninsurance}^{E}$ であるのでベルヌーイの定理は成立する。

このように保険会社が両氏のリスクを明確に判別できる場合、つまり各氏のリスクレベルに合った保険料提示ができる場合、ベルヌーイの定理によりD氏もE氏も保険の購入を選択するはずである。

しかし、もし、保険会社が両氏のリスクを判別できない場合、つまり各氏のリスクレベルに合った保険料提示ができない場合にはどうなるであろうか? その場合、保険会社としてはリスクレベルが不明であるので、公平に平均化した保険料提示がなされるであろう。

平均化した保険料は、したがって以下により計算される。D氏の保険料は、100×0.2=20であり、E氏の保険料は、100×0.8=80であるから、両氏に提示されるリスクの違いを加味しない平均化した保険料は、

$$\frac{80+20}{2} = 50$$

である。このとき、D氏、E氏ともに保険を購入するであろうか? この場合の期待効用 $EU_{insurance}^{P}$ は以下のように求められる。

$$EU_{insurance}^{P} = U(150-50) = 100^{\frac{1}{2}} = 10$$

図1-5「D氏とE氏の効用曲線」は両氏の効用を比較したものである。E氏は保険料が80から50に軽減され、効用が高くなるので保険に加入する。

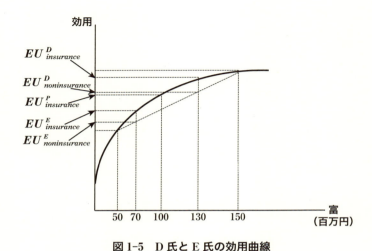

図 1-5　D 氏と E 氏の効用曲線

　一方、D 氏は 20 から 50 へと保険料が高くなり、その効用が保険に入らないときの効用よりも低くなるので、保険に入らない。

$$EU^P_{insurance} < EU^D_{noninsurance}$$

　本例は逆選択の問題点を保険に適用しており、良いリスクは保険市場から退出し、悪いリスクだけが保険市場に残るという問題点を説明している。

(2) 保険会社の逆選択に対する対応

　逆選択の問題の原因は、保険者と被保険者の情報の非対称性にあるので、初めの対処法は保険購入者（被保険者）に関する情報をできるだけ多く保険者（保険会社）に開示させることである。よって、保険会社のリスクの引受け部門［アンダーライター（Underwriter）とよばれる］は被保険者の情報をできるだけ集めることが重要な仕事となる。もし、引受け部門が情報を十分入手できるとすると、被保険者のリスクレベルに適した保険料が提示できることになり逆選択の問題が解決される。
　2 つめの対処法は、被保険者が自ら選び、そのリスクレベルに合ったリスクが細分化された保険商品を多く提供することである。

第1章　リスク、リスクマネジメントと保険の経済理論　17

　もう一度、D氏とE氏の議論にもどろう。今回、保険会社は2つの違ったリスクに対応する保険商品を提供するとする。つまり、1つ目の保険商品は、「*Insurance1*」とよぶもので保険金額の100％に対して、80百万円の保険料を提示する。もう1つの保険商品「*Insurance2*」は95百万円の免責（被保険者の自己負担金）金額を設けるが、保険料は1百万円で提供される。さてD氏とE氏は「*Insurance1*」と「*Insurance2*」のどちらの保険商品を選ぶであろうか？

　D氏における、それぞれの期待効用値を求めてみよう。

$$EU^D_{noninsurace} = 0.2 \times U(50) + 0.8 \times U(150)$$
$$= 0.2 \times 50^{\frac{1}{2}} - 0.8 \times 150^{\frac{1}{2}} = 11.21$$

$$EU^D_{insurance1} = U(70)$$
$$= 70^{\frac{1}{2}} = 8.36$$

$$EU^D_{insurance2} = 0.2 \times U(150 - 1 - 95) + 0.8 \times U(150 - 1)$$
$$= 0.2 \times 54^{\frac{1}{2}} + 0.8 \times 149^{\frac{1}{2}} = 11.23$$

よって、

$$EU^D_{insurance1} < EU^D_{noninsuance} < EU^D_{insurance2}$$

上記により、D氏は「*Insurance2*」を選択する。

　この結果が示すところは、D氏は100％付保の保険よりもリスクを分担する保険商品を選ぶということである。これにより、保険会社はD氏が低リスクの被保険者であることが判別できる。

　一方、E氏のそれぞれの選択における期待効用値を見てみよう。

$$EU^E_{noninsurace} = 0.8 \times U(50) + 0.2 \times U(150)$$
$$= 0.8 \times 50^{\frac{1}{2}} + 0.2 \times 150^{\frac{1}{2}} = 8.11$$

$$EU^E_{insurance1} = U(70)$$
$$= 70^{\frac{1}{2}} = 8.36$$

$$EU^E_{insurance2} = 0.8 \times U(150 - 1 - 95) + 0.2 \times U(150 - 1)$$
$$= 0.8 \times 54^{\frac{1}{2}} + 0.2 \times 149^{\frac{1}{2}} = 8.32$$

$$EU^E_{noninsurance} < EU^E_{insurance2} < EU^E_{insurance1}$$

上記により、E 氏は「*Insurance1*」を選択する。

　この結果が示すことは、E 氏は保険に入るか入らないかの選択では、保険に入ることを選択する。そして、リスク分担の商品よりも 100％付保の保険を選ぶということである。この選択結果により、保険会社は E 氏が高リスクの被保険者であることが分かる。

　これらの例が示すことは、リスク細分化の保険商品を提供することで、契約者は商品を選び、その選択行動により被保険者のリスクの情報のシグナルを保険者に発信することである。したがって、リスク細分化商品の提供は逆選択の問題を解決する。これは、ロスチャイルド＝スティグリッツモデル理論における分離均衡理論により説明される。この原理を、「自己選択のメカニズム」とよぶ。

第8節　株主の視点からの企業リスクマネジメントの需要

　現代ファイナンス理論によると、企業経営者が資産投資のリスクを低減するかしないかは、株主公開された企業の株主たちの価値には無関係であると説明している。なぜなら株主はその投資ポートフォリオのリスク分散機能によりリスクを自在に上下に調節（自家製レバレッジ）できるからである。もしその理論が正しければ、なぜ企業にとってリスクマネジメントが必要なのであろうか？

　Jensen and Meckling（1976）は、企業とは製品またはサービスを提供することで利益を生みだす法的なメカニズムであり、様々な利得を企業に求めるステークホルダーの集合体なのであると論じている。さらに彼らは、企業の手元に残る残価は株主のものであるので、株主により任命された経営者は株主のみの利益に従って行動する責任があるとも述べている。これまで論じてきたように、個人はリスクを回避するものであり、また経営者も個人であ

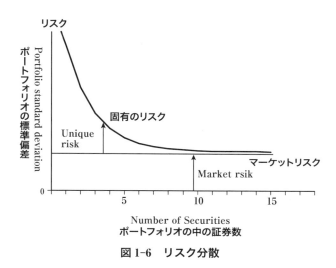

図1-6　リスク分散

ればリスクを回避するものである。

　しかし、もし株主のために経営者が動くならば、リスクを回避することが必ずしも株主の利益につながるとはいえない。現代ファイナンスのポートフォリオ理論によると、株主は市場で分散できないシステマティックリスク（Systematic Risk, Undiversifiable Risk ともいう）に対してのみ高い利回りを要求するものであるとする。このシステマティックリスクは分散できない市場リスクのことである。現代ファイナンスの資本資産価格モデル（Capital Asset Pricing Model）が立証するのは、株主は証券市場においてポートフォリオを調整することで、非システマティック（Unsystematic Risk）なリスクまたは企業固有のリスク（Unique Risk）を分散できるということである（図1-6「リスク分散」）。

　このファイナンスのポートフォリオ理論を保険に応用するとどうなるであろうか？　例として、F氏が1000百万円の現金を持っており、100万円ずつを10個の違った株式に投資していることを想定してみよう。それぞれの証券は10％の期待収益率があり、その標準偏差は10％であるとする。

　初めに、それぞれの投資先である企業は保険に加入し、部分的にリスクを保険会社に移転している。保険化が可能な災害や事故のリスクと株式投資と

の相関係数はゼロであると考えられる。したがって保険リスクのベータ値もゼロである。F氏のi証券への投資比率w_i、i証券の期待収益率r_i、i証券の期待収益率の標準偏差をσ_i、j証券への投資比率w_j、j証券の期待収益率r_j、j証券の期待収益率の標準偏差をσ_j、i証券とj証券の相関係数r_{ij}とすると、ポートフォリオの標準偏差σは次の式で求められる。ただし、保険リスクと株式市場リスクは無相関であるので相関係数r_{ij}はゼロである。

$$\sigma = \sqrt{\sum_i w_i^2 \sigma_i^2 + \sum_i \sum_{i \neq j} w_i w_j r_{ij} \sigma_i \sigma_j}$$
$$= \sqrt{(10) \times \left(\frac{1}{10}\right)^2 \times (0.1)^2}$$
$$= 0.032$$

つぎに、1つの企業が保険を解約したとする。これによりその企業収益率の標準偏差はリスクの増加に伴い、10%から30%に変化すると仮定する。この火災保険の解約により、ポートフォリオの標準偏差は以下のように変化する。

$$\sigma = \sqrt{(9) \times \left(\frac{1}{10}\right)^2 \times (0.1)^2 + (1) \times \left(\frac{1}{10}\right)^2 \times (0.3)^2} = 0.042$$

このポートフォリオにおける標準偏差の変化に伴い、F氏はポートフォリオの投資銘柄を10社から15社へ増加することでリスクを調整する。ポートフォリオ調整後の標準偏差は以下のように計算される。

$$\sigma = \sqrt{(14) \times \left(\frac{1}{15}\right)^2 \times (0.1)^2 + (1) \times \left(\frac{1}{15}\right)^2 \times (0.3)^2} = 0.032$$

このように、F氏はポートフォリオにおいて投資する銘柄の数を増やすことによって、元の標準偏差（この場合リスクと同義である）に戻すことに成功するのである。

この例で重要な点は、保険リスクはベータ値がゼロである、すなわち、保険リスクのシステマティックリスクがゼロである点である。証券市場の株式と保険リスクとは無相関であるから、株主はそのポートフォリオを調整することで保険リスクの調整も自ら行うことができる。よって経営者が保険に入

ることは株主にとっては意味がない、または価値を生み出さないといった結論になる。ただし、本議論は、法人税がないことを前提としている。

　上記の議論によると、企業が保険のためにかけるコスト、保険会社に支払う保険料は無駄であり、保険に入ることは株主にとってまったく非効率な経営であるという結論を導き出す。したがって、ポートフォリオ理論のMarkowitz（1959）は、株主はリスクを回避する経営者よりも期待価値仮説に基づいた経営者を任命するようになると論じている。

　もし、リスクマネジメントが株主にとって無意味であるなら、企業のリスクマネジメントはどのように正当化されるのであろうか？　次の第9節でリスクマネジメントの正当化される理由を論じたい。

第9節　企業経営者の視点からの　リスクマネジメントの需要

（1）リスクマネジメントの節税効果

　リスクマネジメントが正当化される理由の1つは、Smith and Stulz (1985) が論じるように、リスクマネジメントが企業に節税の恩恵をもたらすことである。特に、所得に対する税率が直線でない場合（累進課税の場合）にリスクマネジメントが価値を生み出す。

　通常、売上げから原材料費、減価償却、固定費、変動費その他のコストを引いた正味利益に税金が課せられる。したがって、売上げがこれら総コスト（定数）を超えたときにのみ税金が掛かるのである。また、国が変われば税制も異なる。しかしながら、多くの発展国では所得に対して累進課税を課す国が多いと考えられている。その結果、売上げに対する税金は図1-7のような曲線を描くことになろう。

　例えばここに企業Hと企業Iの2社が存在する。両企業とも図1-7のような税金曲線をもつものとする。さらに、企業Hは売上げの変動（リスク）がなく、すべての年度でYだけ売上げるとする。したがって、企業Hの支払う税金は毎年 $T(Y)$ である。

　一方、企業Iは売上げに変動（リスク）が伴う。つまり、50％の確率でXの売上げがあり、50％の確率でZの売上げがある。平均するとYの売上げがあると

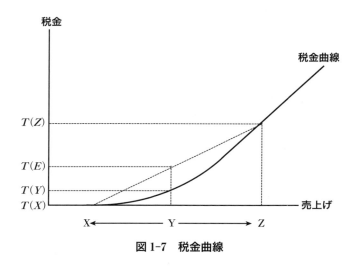

図 1-7 税金曲線

する。Xの売上げのときの企業が支払う税金は $T(X)$ であり、売上げZのときの税金は $T(Z)$ である。このとき、支払う税金の期待値 $T(E)$ は、図1-7が示すように、$T(Y)$ よりも大きい。

企業Iが支払う税金の期待値 $T(E)$ は次の式となる。

$$T(E) = \frac{1}{2}T(X) + \frac{1}{2}T(Z)$$

図1-7の税金曲線に従うとすると、

$$T(Y) < T(E)$$

よって、売上げの期待値は同じYであるが、企業Iの支払う税金の期待値は企業Hよりも大きい。これを企業Hはリスクマネジメントを行っている企業であると考え、企業Iはリスクマネジメントを行っていない企業であると考えると、リスクマネジメントを行う企業はリスクマネジメントを行わない企業よりも支払う税金が小さいことがわかる。したがって、税曲線が直線でないとき、リスクマネジメントを行うことは企業にとって節税効果があり、プラスの価値を生み出すとの結論が導かれる。

(2) 投資家と債権者間のエージェンシー問題の解決手段

企業の株主は経営者を任命し、彼らの賞与を決めるように経営に関与するが債権者は企業にお金を貸すだけで経営には関与しない。これら2つの違った企業のステークホルダー、つまり株主と債権者が存在することがエージェンシー問題（Agency Problems）を引き起こす。ここでいうエージェンシー問題とは、株主は債権者の意思に反して、債権者のお金をできるだけリスクの高いプロジェクトに投資するような企業行動を促す傾向があることである。

例えば、企業Jの債権者が負債額Dを所有するとする。もし企業Jの総価値がDを下回ったとき、つまり企業が倒産したとき、すべての残額は債権者に帰属する。一方、企業価値がDを上回ったとき、債権者の所有する価値はDであり、Dを上回る価値は株主に帰属する。それら企業価値と債権者と株主の帰属価値を示したものが図1-8「債権者と株主の帰属価値線」である。

当初、企業Jの価値はAである。ビジネスにリスクが伴わないとき、企業価値はAで変化しない。このとき、債権者の価値はDであり、株主の価値は$A-D$である。

さて、企業Jはリスクを伴うプロジェクトへ投資する。その期待値はゼロであるが、プロジェクトが成功すれば企業価値はBへと増加し、失敗すればCへと減少する。

プロジェクトが成功したとき、株主価値は$A-D$から$B-A$へ増加する。しかしながら債権者の価値はプロジェクトの成功にもかかわらずDで変化しない。プロジェクトが失敗したとき、株主価値は$A-D$からゼロへ減少するが、債権者の価値はDからCへと減少する。よって、プロジェクト遂行による債権者へのメリットは無く、ただ失敗したときの損失だけが可能性として生じることになる。一方、プロジェクトにより株主は大きな価値の増大が可能性として与えられる。よって、企業が行うリスクの伴うプロジェクトは、債権者にとっては損失だけが期待される「悪いゲーム」であり、株主にとっては「良いゲーム」であると見なされる。結果、債権者は企業がリスクを伴うプロジェクトを行うことをやめてほしいと願う所以である。株主により選ばれる経営者は、債券を含めた資本を株主の意向に沿ってリスクを抱えるプロジェクトを行う。ここに債権者と経営者間のエージェンシー問題が発生する。

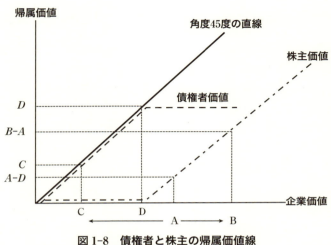

図1-8 債権者と株主の帰属価値線

　株主は債権者から大金を借金し、リスクを伴うプロジェクトに投資することで、債権者のお金を利用して大きな賭けを期待する。このように債権者に対する株主の背信行為の可能性があるので、債権者はお金を貸す際にはこのリスク要因を貸出金利に反映した利回りを債券発行時に要求する行為をとるであろう。よって企業が発行する債券調達コストを上昇させ、結果として株主が負うコストの増加として反映されるというしっぺ返しになってしまう。

　この株主の行動が結局は自らのしっぺ返しにつながるという可能性を下げるために、債権者に対して、「お金をリスキーなプロジェクトに投資していない」との意思表示シグナルを送ることで、債券調達コストの上昇を抑えたいと株主は考えるであろう。このシグナルを債権者に送る手段として、「保険を買う」「リスクマネジメントを行う」といった行動で企業経営者（株主の意向を受けて）がリスクを軽減しているというシグナルを送ることは考えられよう。したがって、保険を買うこと、リスクマネジメントを行うことは、エージェンシー問題の解決コストの削減効果があり、株主にとっても価値をもつことになる。

　企業Jに関して、もう1つ例をあげよう。本例では、プロジェクトの成功確率と失敗確率をそれぞれ50％であるとする。もし、プロジェクトが成功

するなら企業価値はBに増加し、失敗すれば価値がCに減少する。株主に帰属する価値は、成功すれば$B-D$になり失敗すればゼロである。この可能性は50/50である。一方、50/50の確率で債権者に帰属する価値は成功すればD、失敗すればCである。

そこで、企業Jの企業価値を$V(J)$、株主の帰属価値を$V(E)$、債権者の帰属価値を$V(D)$と表現した場合、以下の等式が成立する。

$$V(J) = \frac{1}{2}(B) + \frac{1}{2}(C)$$
$$V(E) = \frac{1}{2}(0) + \frac{1}{2}(B-D)$$
$$V(D) = \frac{1}{2}(D) + \frac{1}{2}(C)$$

企業Jは、リスクが低く正の正味現在価値を生むプロジェクトに投資するとする。そのプロジェクトのコストはEであり、将来キャッシュフローの現在価値はNであるとする。したがって、プロジェクトの正味現在価値 *NPV* は以下のようになる。

$$NPV = N - E > 0$$

しかし、正味現在価値が正であることは、企業Jが倒産危機からすべて免れることにはならない。それでも企業Jはリスクの低い本プロジェクトに投資することにした。プロジェクトが終了した後、それぞれのステークホルダーの期待値$V'(J)$、$V'(E)$、$V'(D)$は以下のようになる。

$$V'(J) = V(J) + N - E$$
$$V'(E) = \frac{1}{2}(0) + \frac{1}{2}(B-D+N) - E = V(E) + \frac{1}{2}N - E$$
$$V(D) = \frac{1}{2}(D) + \frac{1}{2}(C+N) = V(D) + \frac{1}{2}N$$

上記式が示すことは、低リスクのプロジェクトは企業J価値をその正味現在価値だけ上昇させるが、その恩恵の分配は2つのステークホルダー間に違いがあるということである。つまり、株主はプロジェクトのコストEを支払うが、恩恵$\frac{1}{2}N$だけしか受け取らない。一方で、債権者はプロジェクト

のコスト E は支払わないが、恩恵 $\frac{1}{2}N$ を受け取る。もし、企業 J が本リスクプロジェクトに失敗し、企業価値が C になると、株主に残る残価はゼロであり、すべてが債権者に帰属することになる。このとき、債権者が受け取る価値は C と正味現在価値の N である。よって、株主はプロジェクトコストを負担しているにもかかわらず、企業が倒産しなかった場合にのみ恩恵を受けるという矛盾を抱える。

　この恩恵の不平等という矛盾により、株主は価値を生むプロジェクトに投資することをためらうことになる。この正味現在価値が正であるにもかかわらず株主が投資を躊躇するという行動は「アンダーインベストメントの問題」として債権者に認識されると、それを債券利回りの上昇として反映させるといった行動を起こし、株主自らに悪い影響を及ぼしてしまう。企業リスクが大きいほど、この正味現在価値の「アンダーインベストメントの問題」は大きく影響するのである。「アンダーインベストメントの問題」による負債調達コストの上昇を抑えるため、株主はその問題が起こらないというシグナルを債権者に送りたい。「保険を買う」「リスクマネジメントを行う」という企業の行動は、「リスクが低いプロジェクトですよ」というシグナル伝達として有効に機能するのである。「保険を買うこと」または「リスクマネジメントを行うこと」は株主にとっても負債調達のコスト削減手段として価値創造に貢献するのである。

(3) 倒産コストの削減

　企業が倒産の危機に直面すると様々なコストが発生する。リスクマネジメントにかけるコストまたは保険料が、倒産コストの期待値よりも低い場合、リスクマネジメントを行うことは企業価値につながる。

　しばしば資本コスト（WACC：Weighted Average Cost of Capital）は損害事象（または事故）に関係なく同じであると想定されるが、現実はその逆である。例えば、火災が起こった企業の場合、その罹災後には借り入れが難しくなったり株価が下がったりし、その資本コストの大幅な上昇が、多くの場合見られる。火災の影響が企業の財務状態の悪化を招く場合には、資本コストの上昇へとつながるのである。企業が倒産プロセスに入った場合には、

資本コストの大幅な上昇だけにとどまらず、監督局の調査への対応コスト、弁護士費用、財務監査コスト、逸失利益、倒産処理に要した時間に対するコストなど莫大な費用が掛かるのである。倒産コストはリスクマネジメントや保険に掛けるコストに比べものにならないほど莫大になるので、リスクマネジメントや保険は、倒産コストを下げる意味で企業に価値をもたらすと考えられる。

　例えば、企業価値が正規分布に従う確率分布を描くと考えると、リスクマネジメントを行う企業の価値に関する確率分布の分散は、リスクマネジメントを行わない企業のそれよりも分散が小さいであろう。それらの価値分布を図1-9「リスクマネジメントされた企業の倒産確率分布とリスクマネジメントされない企業の倒産確率分布」に示した。図1-9が示すのは、リスクマネジメントしない企業の倒産確率は、リスクマネジメントをする企業の倒産確率よりも大きいことを示している。この倒産確率の減少がリスクマネジメントを行うことによる価値の所以である。

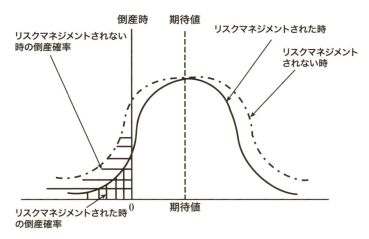

**図1-9　リスクマネジメントされた企業の倒産確率分布と
　　　　リスクマネジメントされない企業の倒産確率分布**

第10節　企業における保険の必要性

　前節において、企業のリスクマネジメントが必要である理由に、1) 節税効果、2) 債権者と株主間のエージェンシー問題を解決する手段、3) 倒産コストを削減することなどがあると論じた。本節では特に、様々なリスクマネジメントの手段からなぜ企業は保険を選ぶのかについて論じたい。

　もし、企業が個人のようにリスク回避するのであれば、ベルヌーイの定理により、企業は数理的に計算された期待値による保険料で提示された保険に加入する。しかし、現実には、保険会社は数理的に計算された期待値に基づいた公正な保険料では保険を提供しない。保険会社は保険営業に関わる費用と同時に利益をも純保険料に付加してくるからである。もしそうであるなら企業は保険になぜ加入するのであろうか？ Mayers and Smith（1982）は企業の保険購入動機は以下の理由であると論じている。

(1) 保険会社はリスクを負担することにおいて比較的優位性（Comparative Advantage）をもっている。
(2) 保険会社は保険に付随するサービスを効率良く提供できる。
(3) 保険業界は規制された業界であり、その点で企業の保険への需要は高くなる。
(4) 強制保険（日本では自賠責保険など）制度が保険の購入を必要としている。

これらの点について企業の保険需要について論じてみたい。

(1) 保険会社はリスクを負担することにおいて企業よりも比較的優位性をもっている。

　Mayers and Smith（1982）によると、株式公開されていない企業の保険ニーズは広く株式公開されている企業よりも高いとの実証結果を示している。その理由として、株式公開されていない企業の所有者は、ポートフォリオ理論でいう資本市場を使った、効率の良いリスクの分散を行えない。よっ

て、保険の手段を使ってリスク分散するしかないと論じている。株式公開していない企業の場合は資本市場を使えないのであるから、保険会社が契約者（被保険者）に代わって、保険料の「プーリング」（小さな契約者の保険料を集積し蓄積することをプーリングとよんでいる。プーリングは共同基金化による危機分散手段として使われる）でリスク分散する機能や資本市場を使ってリスク分散を行うのである。

　また、保険会社が、資本市場の十分成熟していない国のリスクを負担することでも比較的優位性をもつと論じている。もし、株主がある特殊なリスクをその国の証券市場で効率的に分散できない場合、保険会社を通じた保険の購入により、より効率的なリスク分散を可能にする。

　企業のステークホルダーは、株主だけではなく、経営者、従業員、下請会社、契約者、顧客など様々な人々である。株主以外のステークホルダーも企業と運命を共用するものであり、彼らは資本市場を使ったリスク分散を行えない。例えば、従業員や経営者は会社に時間と労力を惜しまず注ぎ、いわば会社に人的資本を投資しているといってもよかろう。しかし、自らが働く会社が倒産したり、解雇されるなどのリスクは、簡単には移転できないのである。そのような人的資本のリスクが分散できないのであれば、リスク分散の代替手段となる保険は容易に利用できるものとして価値があるのである。

(2) 保険会社は付随する保険サービスを効率良く提供できる。

　保険会社は損失を補償するだけが仕事ではなく、保険証券を発行したり、損害査定サービスを行ったり、リスクマネジメントのコンサルティングサービスを契約者に提供する。契約者（被保険者）が、それらを自ら行うには情報、知識、技術不足であり非効率でありコストが高額になるであろう。

　例えば、日本における賠償責任保険は、事故が起こったとき、保険で訴訟費用、弁護士費用を補償することは一般的であり、また保険会社は弁護士斡旋サービスやその他クレームに関するアドバイス、コンサルティングを行っている。これらの業務は保険会社が専門とすることであり、これまでの情報と経験値により、損害サービスを迅速かつ有効的に行える比較優位性をもっている。また「規模の経済（Economies of Scale）」でもそのコスト優位性を説明できよう。したがって、保険会社のこのような比較的優位性が、

安価で有効な損害サービスを提供していることを多くの企業は評価し、保険を買うことでその優位性を享受しようとする。

また、リスクマネジメントのアドバイスも保険に付随したサービスである。例えば、火災保険をかける際、引受けの過程で、リスクエンジニアによるリスク調査・診断がなされ、その結果、リスク軽減策が企業に提案される。その際、保険会社はリスクに応じて保険料を決めるので、企業は損害の可能性を軽減することが、保険料軽減という経済的メリットにつながる。企業は、保険料を低くおさえるため、損害を小さくしようと最大限努力する。リスクコントロールに関して、自ら費用を負担してリスクコンサルタントを雇うよりは、保険会社のサービスを受けるのが一番の頼りになると考えるのである。

これらの議論から、保険会社が損害の補償の提供者として、そして保険に付随するサービスの提供者としても、企業に価値をもたらすものであると考えられよう。

(3) 保険業界は規制された業界であり、その点で企業の保険への需要は高くなる。

保険会社は、財務的に健全であり、安心を提供する社会的責任が大きいので、国の規制、監督が厳しい。保険のように強い行政監督がされる業界では、監督局（日本では金融庁）が契約で取り交わされる適正価格についてコントロールし厳正な監視体制が敷かれている。日本でもそうであるが、保険会社が金融庁に保険商品の認可を受けなければならないし、保険料算出根拠［想定損害額（純保険料）と保険営業費（付加費）に基づく保険料率］が監督局に登録、認可されなければならない。保険会社は損害見積もりに関する専門家であるので、企業自らの損害予想よりも保険会社に任せた方が安心と考える。代わりに、保険に付随する経費は顧客が負担する。

このように強い行政監督が敷かれている保険業は、顧客に価格に対する安心感を与え、保険会社運営に関しても安心を提供していると認識されよう。業界に対する安心感が、企業保険の需要を押し上げている一因である。

(4) 強制保険（日本では自賠責保険、国民健康保険など）が保険の購入を必要としている。

多くの国では、不当で不誠実な行為から人々を守るために、特定した保険購入の強制加入を義務づけでいる。特に、賠償責任保険がそうである。例えば日本では、車の所有者には必ず自賠責保険（自動車賠償責任保険）を強制加入させることで、自動車事故による被害者（第三者）を補償し守っている。保険の強制加入は日本だけにとどまらない。このように強制保険を国が推し進めることは、保険の需要を必然的に上げているのである。

第11節　結論

本章において、リスク、リスクマネジメントと保険の経済理論について論じた。本章においては、リスクは負の経済損失に限定したものでなく、期待される結果からの変動または不確実性と定義した。リスクの存在は、個人や企業の意思決定に、困難で複雑な影響を与える。期待値仮説だけでは、リスク下での個人や企業の意思決定における行動を十分説明できないこと、そこで、期待効用仮説が合理的な意思決定行動をより良く説明できると論じた。

ベルヌーイの定理によると、人はリスクを回避する存在であり、期待効用理論が正しいとすれば、人は損失の期待値に基づいて数理的に計算した保険料で提供される保険を買う。

また本章では、リスク回避手段としての保険の問題点を論じた。つまり、モラルハザードと逆選択の問題である。モラルハザードとは保険があることで、契約者（被保険者）の行動が変化し、リスク軽減努力を怠る問題である。保険会社はこの問題を回避するため、免責額を設定し、共同保険、遡及型保険料率プラン、経験勘定保険料率プランといった契約者（被保険者）がリスク軽減の動機づけができるような対応策を行う。

一方、逆選択の問題は、保険者と被保険者の所有するリスク情報が非対称であることに起因する。被保険者は保険者に比べて自身のリスク情報をより知っている。被保険者は自身のリスク情報を優位に利用して、数理的計算された保険料よりも安い保険料で保険を購入しようとする問題である。保険会社はこの逆選択の問題に対応するために、できるだけリスクを細分化した商

品を提供し、契約者が自身のリスクに適合した保険商品を選べるような対策を講じている。

　最後に、企業のリスクマネジメントと保険の需要について分析した。我々は、現代ファイナンス理論において、株主にとって企業のリスクマネジメントは価値を生み出さないとの議論が企業のリスクマネジメント活動を否定するものにつながっていることを疑問に思うのである。現代ファイナンス理論では、株主は証券市場でポートフォリオを調整することにより個別なリスクは分散できるので、株主が関心のあるのは市場リスクに対するリターンの最大化であると理論展開する。よって、株主にとっては企業がリスクマネジメントにお金を費やすこと、保険を購入することは無駄であり非効率な経営を意味するという理屈である。

　しかし、企業のリスクマネジメント活動は節税効果をもたらし、倒産コストの軽減、ステークホルダー（株主と債権者）間のエージェンシー問題の解決、様々なステークホルダー（従業員、下請けや顧客）を保護する社会的使命などの恩恵を与えるものであるなどの価値を考えると、企業のリスクマネジメント活動は合理的であり正統な行動なのである。

　最後に、保険会社は、企業に代わってリスクの負担を負うのに十分な効率性をもっている。彼らは損害処理とリスクマネジメントの専門家であり、顧客のリスク軽減に対してアドバイスすることを本業としている。保険業界は政府の監視が強い業界であるため、保険会社に対し契約者（被保険者）は安全だとの安心感を覚える。さらに、政府による強制保険により顧客の保険需要は高まっている。これら保険に対する企業の需要は大きく、企業が保険会社から保険を購入する行動は正当化される。

第2章
リスクマネジメントと事業中断リスク

第1節 リスクマネジメントの定義

　第1章ではリスク、リスクマネジメントと保険の経済学理論について、具体的例を提示しながら論じた。これらリスクマネジメントと保険の理論を受けて、第2章では企業リスクマネジメントを行う実務現場において、リスクマネジメントをどのように運営しているかについて具体的な事例をあげて探求してみたいと思う。

　ISO（International Service Organization, 国際標準化機構）は、世界的な規格化を策定し推進する非政府組織である。ISOの規格9001と14001は、それぞれ品質マネジメント・システムと環境マネジメント・システムの規格であるが、数多くの日本の事業所（工場や事務所など）がこれらのISO認証を取得している。このISOが、2009年11月15日にリスクマネジメントの規格、「ISO31000（Risk management-Principles and Guidelines: リスクマネジメント―原則および指針）」を発行した。その規格においてリスクマネジメントを以下のように記載している。

- 価値を創造し、保護するもの。
- 好ましくない影響と管理するプロセスにとどまらず、組織のあらゆるプロセスにおいて不可欠な部分であり、意思決定の一部である。
- 組織に合わせて作られ、人的および文化的要素を考慮に入れることが重

要である。
- 組織の継続的改善を促進するものとして位置づけられており、透明性があり、かつ包含的であり、周辺状況によって変化するリスクに対応することが重要である。

　重要な点は、リスクマネジメントが企業戦略の意思決定の一部をなすプロセスであるととらえていることである。したがって、リスクマネジメントは画一的なものではなく、個々の企業によってそのプロセスは異なり、リスク形態の変動に伴って変化するべきものであり、継続的な改善活動を促すものでもある。近年では、リスクマネジメントが企業戦略そのものである議論が見受けられるほど、企業は直接的または間接的にリスクに晒され事業を行っている。現代はリスク社会であり、リスクマネジメントは企業存続には不可欠なものである。
　また、興味深いのは、ISO が包括的または広義にリスクを捉えていることである。ISO によると『不確かさが組織の目的にあたえる影響を「リスク」』と定義しており、結果が不確実であるがゆえに、その影響は負の危機にとどまらず正の恩恵でもあると理解することができる。ファイナンス理論で「ハイリスク・ハイリターン」と頻繁に使われているが、リスクが大きいとそのリターン（恩恵）も大きいのである。企業ファイナンス理論では、企業がとるリスクに対して最大の恩恵があるようなリターン（恩恵）を目指す、リスクとリターンの最適化を行うことができるかどうかが経営者に問われているのである。さらに、経営戦略と目標は各々企業で異なるため、その目的（期待値）に対する結果のばらつきが大きい、小さいはその企業のリスクマネジメントの成果によるのである。戦略的なリスクマネジメントを考えるとき、リスクコンサルタントのような第三者にすべて任せて行うものではなくなる。そして、組織横断的で包括的なリスクマネジメント（昨今では ERM：エンタープライズリスクマネジメントとよばれている）が今のリスク時代には必要である。企業がリスクマネジメントを行うことは戦略を遂行すると同様、大変で困難な作業だといえよう。

第2節　リスクマネジメントのプロセス

図2-1にリスクマネジメントのプロセスを示した。筆者はリスクマネジメントのプロセスは大きく分けて3つの段階で構成されると考える。つまり、

1) リスクアセスメント
2) リスク対応
3) 結果のモニタリングとレビュー

である。

(1) リスクアセスメント

リスクアセスメントは、リスクの特定とその所在を明らかにすることから始まる。例えば、南海トラフの大地震による津波をリスク事象として特定すると、その事象により影響を受ける製品は？　在庫は？　建物は？　従業員は？　そして事業の継続は可能か？　というようなシナリオが展開されるので

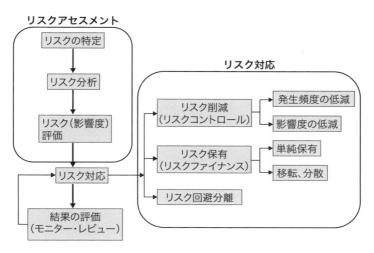

図2-1　リスクマネジメントのプロセス

ある。リスク事象は、地震などの広域的な大災害に限定するものでなく、火災、取り引き先の倒産、停電、急激な円高、従業員の操作ミスなど自社にとってのリスクは何かを問いかけていくことで明らかにする。自社が直面するリスクを集団で意見を出し合うブレーンストーミング（brainstorming）することからスタートすべきだと考える。このプロセスは、経営者やリスクマネジャーだけで行うのではなく、現場の従業員を含めた多くの関係者と一緒にリスクに対する意見を出し尽くすことが必要である。

　リスクの起因となる事象が多く特定されると、各事象を分析しその影響度を評価することが次のステップである。先般の例でいうと、南海トラフの大地震の発生により従業員の安全はどうだろう？　資産は無事であろうか？　操業は中断されないだろうか？　などの質問を次々に自ら問いかけ、できれば定量的な数字（例えば損害金額や操業中断期間）に置き換えるべきである。リスクの視覚化としてわかりやすく表示するために、事象の起こる頻度を横軸にリスクが及ぼす影響の規模を縦軸にすべての事象の影響を図にした「リスクマップ」を作成することがリスクコンサルティングの業界では行われている。これは企業にとってのハザードマップのようなものである。このように、リスクを視覚的で全体的な図にするとリスク戦略が立てやすい。図2-2にリスクマップの一例を示した。

　このようなリスクマップを作成すると、これを基にリスク戦略を策定することができるのである。図2-2で示すように、発生頻度と損害規模に応じてリスクを4つのカテゴリーに区分しリスク戦略を立案するのが一般的である。

リスク戦略のためのリスク分類
- 「優先度合:高」は発生頻度が高く、損害規模も高いリスク事象の集団。
- 「優先度合:中」は発生頻度が高く、損害規模が小さいリスク事象の集団。
- 「優先度合:中」は発生頻度が低く、損害規模が高いリスク事象の集団。
- 「優先度合:小」は発生頻度が低く、損害規模も小さいリスク事象の集団。

　企業の人的、金銭的資源が限られている中、すべてのリスクに同様な対応を施すことはできないし非効率である。そこで分類された各リスク群の特徴に対応したリスク戦略を策定し実行することとなる。例えば、「優先度合:

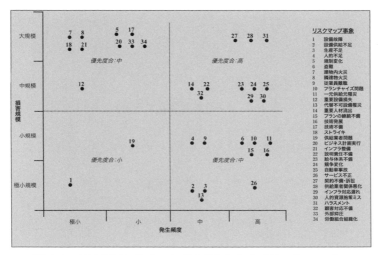

図 2-2　リスクアセスメント「企業をとりまくリスクマップ」

「高」に分類されたリスク戦略は、リスクを取らず回避する、資本市場を利用しリスクを証券化のようなリスクファイナンスなど、大規模で迅速なリスク対応が必要である。また、「優先度合：中」に分類されたリスクに対応するには、人的、技術的にリスクを低減するリスクコントロールと保険の利用をミックスした戦略が必要である。さらに、「優先度合：小」に分類されたリスクに対応するには、リスクコントロールを中心にした対応策そしてリスクを自らの財務能力で対応（リスク保有）する覚悟で戦略策定する必要がある。

(2) 企業の財務的リスク保有能力

　企業のリスクが顕在化した際、財務的に吸収できる損害値のレベルは企業の財務状況によって異なるし、一律にこれが正しいといった理論は存在しない。一般的にリスクマネジメントと保険業界で使用されているガイドライン（表2-1）をここに紹介する。International Risk Management Institute（2013）が提供するリスク保有の目安によると、企業の4つの代表的な財務指標に基づいて算出する方法がとられている。これらの指針はあくまで指標であり、数字が適切であるかどうかは、財務値の変動にもよるし、リスクの顕在化の頻度によっても異なるので、本来であれば財務担当者とリスクマネジャーが

話し合い調整すべきである。これらのリスク保有額は年間の金額であり、1年間の平均事故発生数により除算することで一事故あたりのリスク保有額を決定する。それを超える損害額は保険などのリスクファイナンスの手段によりリスク移転を行う。

表 2-1　リスク保有額ガイドライン

正味運転資金法： 正味運転資金の 2%-5%	年売上法： 年売上の 0.5%-2%
総資産法： 総資産の 1%-5%	営業キャッシュフロー法： 営業キャッシュフローの 2%-5%
営業利益法（税引前）： 営業利益の 1%-8%	

出典：IRMI のガイドラインを著者が編集

　これら手法以外にも企業目標とする EPS（1株あたりの正味利益）や ROE（株主資本収益率）の数％を許容変動とみなし、リスク保有レベルとするリスクマネジャーもいる。いずれの指針を採用するにせよ、リスク保有は企業戦略に支障を及ぼさない保守的なレベルが勧められる。また、会計年度の損害総額がリスク顕在化においてどの程度になるかを掌握し、指針とする財務指標と比べて、その指針を超えるようであれば追加のリスク対応策を施すべきである。

（3）リスク対応

　リスク対応に関しては、1) リスクコントロール、2) リスクファイナンス、3) リスク回避・分離の3つに分類できる。1つめのリスクコントロールは、リスクを注視し保有する前提で、リスク顕在化の発生頻度と発生規模を事前の施策により軽減しようとするものである。したがって、「リスクコントロール」とは損害低減策を計画し実施することであると定義できる。それらは防災、減災、緊急対応計画の策定とその実施が考えられる。例えば、重要機械・設備の予備をバックアップとして維持するなどは操業中断リスクを

軽減する効果があるし、地震による振れ止めの実施などは損害規模を軽減し人的資源を守ることにもつながるリスクコントロールの例である。

2つめのリスクファイナンスは損害発生時に必要な修復費用を、財務的に事前に準備することである。これは大きく2つに分類できる。リスクを他社（保険会社など）に移転することとリスクを保有しファイナンス（借り入れなど）の手段を講じることである。リスク移転の代表例は、保険の活用である。保険はリスクファイナンスの一手段であるという議論が近年では大勢を占める。また、業者との契約を交わす際に、リスク分担条項を設けることで他社に事前にリスクを転嫁しておくことも一例である。ファイナンス手段には損害支払い備金を積み立てること、緊急時に必要な融資予約枠の確保、資本市場を活用したファイナンス手法、例えば金融と保険を融合した金融商品（キャットボンドや天災デリバティブ）を活用することなどがあげられる。

3つめのリスク回避・分離に関していうと、例えば、地震の危険度が高い場所には工場を建設しない、リスクの高いプロジェクトは行わないのはリスク回避であるし、工場建屋の中でエリアを2つに区分し延焼を防ぐ防火壁を設置すること、隣接する危険な設備からは十分な距離をとって建物を建設することは延焼防止の効果から火災リスクを分離する例である。

(4) 結果のモニタリングとレビュー

最後にリスク対応策を実施しただけで終わりではなく、年に1度はその効果を評価し、結果をモニタリングすることが必要である。結果が意図したものでない場合やエクスポジャー（Exposure：リスクに晒される対象物のこと）が変化した場合には、変化に応じてリスク対応を再度検討し、見直しを行うことが重要である。このリスクマネジメントのプロセスは企業の変化とともに変更されるべきものであり、リスクマネジメントのプロセスには終焉がないのである。

第3節　リスクマネジメント導入の目的と効果

企業がリスクマネジメントを行う目的と効果は様々議論されているが、代表的なものは以下である。

- ステークホルダー（経営者、株主、従業員、供給業者、顧客、社会）に対する企業責任（Corporate Social Responsibility）の遂行。
- 利益・キャッシュフロー、貸借対照表（バランスシート）の安定化。
- 節税メリットの享受。
- エージェンシーコストの削減。
- 倒産リスクの軽減。
- 内部統制（コーポレートガバナンス）の強化。
- 説明責任（Accountability）の向上。
- 自社リスクの掌握。
- 企業全体でリスクに対する認識を共有。
- 企業モラルの向上。
- トータル・コスト・オブ・リスクを削減。

上記のうち、節税メリット、エージェンシーコストの削減、倒産リスクの軽減などは本書第1章第9節「企業経営者の視点からのリスクマネジメントの需要」において議論した。

2008年のリーマンショック以降、社会や行政が企業を監視する目は厳しさを増した。その結果、企業の社会的責任（CSR）活動は多くの企業で見受けられるようになった。富士ゼロックス社のように、CSRはリスクマネジメントそのものであると捉える会社もある。米国は、2002年のサーベンス・オクスレー法（SOX法）制定後、詳細なリスク情報の公開とその対応策を年次報告書で明記するよう求めている。オーストラリアとニュージーランドでは国家規格としてAS/NZS4360を、カナダはCAN/CSA-Q850：1997、英国はPD6668：2000といったように、リスクマネジメントをコーポレートガバナンスの手法として規格を制定している国も多い。銀行に対するBASEL IIIや保険会社に対するSolvency IIは、リスクベースによるリスクの評価と報告そしてリスク対応を求め、金融機関の規制・監督強化を意図したルールである。これらはヨーロッパからスタートし米国、そして我々日本に今後影響を及ぼすことは確実である。実際、日本のJIS Q 2001はリスクマネジメント構築のための指針として2001年3月に制定されており、企業はリスクマネジメントをしなければいけない状況に追い込まれている。リスクマネジ

メントは今や社会全体の要請なのである。

　事実、著者が関係した企業でリスクマネジメントを行った結果、リスクの掌握が組織全体に共有され、リスク対応活動により組織の活力が向上し従業員のモラルが改善したなど質的なプラス効果も多く見受けられた。リスクマネジメント活動は企業のトータル・コスト・オブ・リスク（TCOR：Total Cost of Risk，リスクにかける総コストのこと）を削減し、結果として企業価値を高める効果があるのである。

第4節　事業中断リスク

(1) 事業中断リスクとその評価手法

　本節では企業マネジメントにとって重要な「事業中断リスク」に注目し具体例をあげてそのリスクマネジメント論を展開する。事業中断リスクとは企業を取り巻くリスクの1つであるが、あまり重大なリスクとして注目されず適切に対処されていない。本リスクは火災リスクや地震リスクなどのように直接資産を毀損させるリスクよりも時には大きく、万一有事の際には経営を脅かす程多大な損失をもたらす可能性がある間接リスクと捉えることができる。

　例えば、倉庫や事務所ビルの屋上などに設置されている変圧器のキュービクルを考えてみる。キュービクル内にある変圧器は、500KVAや750KVAの小型の変圧器がほとんどであるが、漏れた絶縁油250リットルに引火し変圧器設備が焼損した場合、実際の物損害は少額であるが変圧器自体の再調達に最低3カ月かかることはあまり知られていない。もしこの小さな変圧器が唯一の電源であり、火災により電源がすべてストップしてしまう場合、その再調達期間3カ月間は営業活動が中断し、実質その中断期間の営業売上げが失われてしまう逸失利益を想像するとどうであろう。このように小さな変電設備でさえ再調達に3カ月を要するのであるから、一般工場に置かれている特高変圧器設備5000KVAもの大きなものは復旧期間に最低1年間を要することが容易に察せられる。例えば、1991年日本のある発電所での事故の例で発電機の復旧に3年半費やした事例も記録されている。

　それ以外にも、米国における9・11同時多発テロ事件では、数週間に及ぶ

通信中断による影響が全世界に及んだ。まだ記憶に浅い 2000 年問題といわれたコンピュータ中断の影響に、世界中が不安と恐怖を抱いた。このように、事業中断リスクは、直接的な財物の損害よりも潜在的な影響が大きいのである。

ここで「事業中断リスク」とは、有事による生産活動や営業活動の中断に伴い、売上げの減少に始まり、結果として利益減、マーケットシェア減を伴い、復旧期間が長期に及べば、競合他社にマーケットシェアを奪われ、最悪時には倒産の危機にも直面するようなリスクと定義する。このように重大なリスクにもかかわらず、日本企業のリスクマネジャーの多くは、このリスクを分析、計量化し、適切な処理を施していないのが実情である。確かに分析を始めると企業によってはとても煩雑な作業になり、情報が集まらない、収拾がつかなくなるなど組織に混乱を引き起こす可能性がある。

そこで本節では、事業中断リスクをどのように分析すべきなのかといった方法論を中心に議論する。さらに、後半に事業中断リスクの分析後、いかに有効にこのリスクを軽減すべきかについて議論を展開する。

(2) 企業が直面する事業中断リスク

最近の事業環境をみると、「ジャスト・イン・タイム（例えばトヨタのカンバン方式など）」の生産体制、最近では「サプライ・チェーン」とよばれるマネジメント・システムに見られるように、企業が在庫を限界まで減らすとともに、パートナーとなる他社への生産依存が高まっている。企業は戦略として「選択」と「集中」による事業のスリム化が求められているのである。このような戦略は、リスクのバッファーとしての「余裕」を、「無駄」として排除する傾向が進み、リスクの増加をもたらす。

このようなビジネスモデルが近年では崇高なものとされ、多くのコンサルタントが奨励した結果、全体として物流の効率性が高まり、パートナー企業と協力して事業運営することでコストパフォーマンスが良くなったことは事実である。しかしその反面、サプライ・チェーンを構成する一企業の有事の際には、パートナー企業並びに関連企業への影響は深刻なものとなる。このように新たなビジネスモデルにより確実に事業中断リスクが高まっているのである。

事業中断リスクを考える際、ほんの些細な故障、停電、事故や火災が大きな事業中断につながることを企業は認知すべきである。過去の事例では、1997年2月1日に起こったアイシン精機における火災がそのリスクを象徴するであろう。アイシン精機はトヨタ・グループの部品メーカーの1社である。トヨタはジャスト・イン・タイム（JIT）生産原理を維持する会社であり、そのため部品の在庫をほとんど抱えない。アイシン精機はトヨタが最も信頼するサプライヤーの1つであり、小型ブレーキ部品であるプロポーショニングバルブ（Pバルブとよばれていた）の独占供給会社であった。当時、トヨタ車の全車種においてアイシン精機のPバルブが採用されていた。西口・ボーデ（1999）によると、アイシン精機における火災によりトヨタは数週間の生産停止を覚悟したが、グループ力により生産停止期間は最低限に抑えられたとある。アイシン精機自体はこの火災により78億円の損失であったが、トヨタは7万台の生産未達により売上げで1600億円の損失、さらに代替生産拠点の設置などの臨時費用で200億円から300億円の損失を被ったという。トヨタはグループ内の他の部品メーカーにPバルブの生産を要請し、2日後にはPバルブの再生産が開始したのであるが、トヨタ生産の100%回復まで2カ月ほどかかったのである。さらに、トヨタは影響を受けたサプライヤーの遺失利益への補償として、1月初頭から3月末日までのトヨタへの売上げ金額の1%相当額をサプライヤー全社に追加的に支払った。これは総額150億円以上にのぼり、例えばデンソーは15億円受け取ることになった［西口・ボーデ（1999）］。この事例は事故を起こした企業（アイシン精機）の損害（78億円）よりも、サプライ・チェーン寸断によるトヨタの売上げ減少や臨時費用などの損失額（約2000億円）が20倍以上にも及んだ例である。

　2008年のリーマンショックを思い出してほしい。今や、一金融機関の倒産危機による資本の流れの欠如（欠如するのではないかという信用不安）が世界中の国々のGDPを大きく変化させることからわかるように、世界が大きなシステムとして有機的に機能しているのである。2008年以降、システミックリスク（Systemic Risk）の特定や計量化の研究が学術界で盛んに行われているが、この事実は相互依存のリスクが非常に高まっている証左であろう。ちなみにFouque and Langsam（2013）によるとシステミックリスクは以下のように定義している。

Systemic Risk is the risk of a disruption of the market's ability to facilitate the flows of capital that results in the reduction in the growth of the global GDP.

システミックリスクとは、市場が資本の流れを中断してしまうリスクであり、そのリスクの顕在化により世界の GDP の成長の鈍化をもたらす可能性がある。

さて、企業が直面する事業中断リスクには大きく分けて次の3つがある。

i. 直接事業中断リスク（Direct Business Interruption: 本文では DBI と略す）：例えば、某工場で火災など事故発生の際、その罹災工場での生産量の減少に伴う売上げが減少するリスクである。
ii. 相互依存事業中断リスク（Business Interruption Interdependency: 本文では BII と略す）：同じ企業グループ内の工場が罹災し、罹災工場からの仕掛品の供給がストップしたため、別工場の生産が中断、結果として売上げが減少するリスクである。
iii. 構外利益事業中断リスク（Contingent Business Interruption: 本文では CBI と略す）：原材料の供給業者（外部業者）が罹災したことによる原材料供給不足、または、顧客側で罹災したことによる製品需要不足が引き起こす、自社工場の生産と売上げが減少するリスクである。

以降、図 2-3 に示すような生産フローであるグループ企業 S を想定して事業中断リスクの議論を展開する。

グループ企業 S は車を製造するメーカーである。S 社は兵庫県明石市に所在する A 工場、米国オハイオ州に所在する B 工場、イリノイ州の C 工場、テキサス州の D 工場、ニューヨーク州の E 工場を所有する。ただし、T 社は外部業者でありグループ内企業ではない。A 工場の原材料である鉄鋼材は T 社のみから調達されている。A 工場で生産された部品は30％を国内の他社に販売され、70％は自社内の B 工場に送られる。B 工場での工程を終えた仕掛品は50％が C 工場のセダン組立て工程に送られ、35％は D 工場のスポーツカー最終組立て工程に送られ、残りの15％がワゴン車の最終組立

第2章　リスクマネジメントと事業中断リスク　45

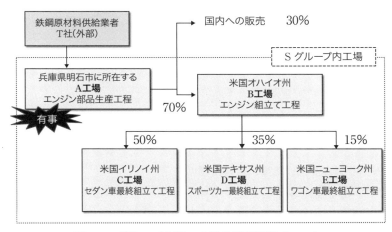

図 2-3　グループ企業 S の製品製造流通チャート

て工程に送られるという製造フローであるとする。

製造工程の流れを、図 2-3 ようなフローチャートで示すことで事業中断リスクの理解を容易にする。著者のリスクコンサルティングの経験から、事業中断リスク分析には必ず製品の流れと各施設の売上げや組織売上げに対する貢献度を掌握することに時間を費やすことが重要だと考える。

さて、本例での S 社における事業中断リスクは次の 3 つから構成される。

i.　直接事業中断リスク（DBI）：A 工場で事故があった場合、A 工場から国内販売を行っている売上げの減少と B 工場に部品調達している社内売上げの減少による遺失利益である。

ii.　相互依存事業中断リスク（BII）：A 工場で事故があった場合、A からのエンジン部品の供給が中断されることによる B 工場の生産中断である。さらに、B が止まることによる C、D、E 工場での生産が中断することも予想される。その結果、それら工場の売上げ減少による遺失利益が考えられる。

iii.　構外利益事業中断リスク（CBI）：外部業者 T 社で事故があった場合、T 社から A 工場への供給が中断し、その結果 A 工場の売上げ減少による損失。さらに A 工場から B、C、D、E 工場への供給が中断した場

合、これらの工場での売上げ減少による遺失利益。

このように、ある工場の事業中断リスクを分析する際には、上記3つのリスクを考慮の上、各シナリオを分析し、財務的影響度を比較する。その上、どのシナリオが最も事業中断をもたらすものであるか、収益減少を伴うのかを比較検討することが事業中断リスクアセスメントでは重要である。

(3) 事業中断リスクアセスメントの方法論

①リスク対象商品、工場、生産工程の特定

一度にすべての製品、すべての工場を対象にリスク評価をすることは非常に時間もかかり煩雑な作業を要する。よって、製品からその製造工場、さらに工程、機械設備へと対象を絞って分析を始めることが重要である。

初めに分析対象製品として、その企業にとって最も売上げが多く、利益の貢献度が高い製造物数点を特定することである。その分析対象商品としては、主力製品、利益率の高い製品、戦略製品、成長製品、ブランドイメージを著しく壊す可能性のある製品などが対象となるであろう。もし、シナリオ分析の対象となる商品を特定できない場合には主力工場から始めるのも1つの方法である。

次に、リスク対象製品を特定できれば、その製品を製造している施設・建物を特定する。しかし、1つの工場棟でその製品を初めから最後まで製造していることはまれである。よって製品ができるまでの過程を追って、複数の工場建物と機械設備の中で、何が影響を受けるか特定する調査も必要である。

②長期の事業中断リスクを伴う要因（ボトルネック）の特定とその再調達（復旧）期間の推定

事業中断のリスク調査の一番重要なことは、「ボトルネック」とよばれる一番貢献度の高いプロセスまたは機械設備を見つけ出す作業である。ボトルネックを特定するためには以下のような質問を投げかけ、生産設備担当者、物流担当者、または製造工程を理解している担当者に聞き取り調査を行うのが効率が良いと考える。

質問事項：
- 建物の再建設に要する期間はどれくらいか？
- 製造工程に関しては、構内唯一の製造工程、特殊工程、多くの作業フローが集中している工程、外注できない工程などがボトルネックとして考えられる。そのボトルネック工程はどの建屋にあるのか？ その再建設に要する期間は？ また、自社グループ内の他の施設で同じ工程があり代替生産ができないか？ できるとすると、どの程度代替生産できるか？
- 機械設備に関しては、外国製のもの、特別注文で設計・製造されたもの、外注で代替できないもの、再調達が困難で長期に及ぶものなどがボトルネックとしてあげられる。そのような機械設備はどこに設置されているか？ その再調達に要する期間は？ また、その機械設備の代替設備が自社グループ内に存在する場合には、その代替設備でどの程度増産の余裕があり、したがってバックアップ生産量がどの程度想定できるか？
- 工業用水、電気設備、ガス設備などのエネルギー源やコンピュータ設備など制御装置への依存度、万一、それらの設備が停止した際には、バックアップ設備が存在するか？ その調達期間は？
- 依存度の高い原材料供給業者のなかで、代替となる供給業者がいない、特殊な原材料であるため容易に代替できない状況は、ボトルネックとして考えられる。そのボトルネック業者の依存度合いと他の業者からの原材料の調達に要する期間はどれくらいか？ 競合他社である供給業者から調達は可能か？
- 売上げの依存度の高い顧客が無くなったとき、すぐにはその顧客需要に代わる市場がないと考えられるとき、その売上げ依存度合いとその顧客に代わる新たな顧客を獲得するために要する期間は？
- 建屋や設備の再建設にあたって、市や県の行政上の承認が必要であったり、認定機関の承認が必要で、その承認に長時間が費やされると予想されたりする場合、例えば建築基準法準拠のための改造や承認に長期に時間が必要な場合などもボトルネックとして考えられる。このような場合、承認に必要な期間はどれくらいか？

上記のように、調査結果、復旧期間が長期に及ぶ製造エリアを数カ所特定し、その箇所が工場でどのエリアに位置しているのかを確認する。完全復旧に要する時間は、建物・機械設備・製造工程の復旧期間 RP（Replacement Period）のほかに、設備が復旧してもその日に生産物が出荷されることはないので、製造の開始から完成までのリードタイム LT（Lead Time）と製品が市場に完全に出回るまでの市場調達期間 MP（Market Penetration Period）との和で次式のようにあらわされる。

$$\text{事業中断期間：} \quad BI = RP + LT + MP \quad (1)$$

（4）リスク対応策

①在庫で対応できる出荷期間

生産活動が中止していても、すぐに製品の出荷が止まってしまうことはない。企業は在庫を抱えて急な出荷や需要増に対応する準備ができているケースが多いからである。この在庫量は売上げ減少リスクを軽減させる。在庫で供給できるリスク軽減期間または在庫期間（Inventory）を上記(1)に反映させると、

$$\text{事業中断期間：} \quad BI = RP + LT + MP - IN \quad (2)$$

②代替業者との契約

ある製造工程が中断したときには、その製造工程を代替生産してくれる業者がいればリスク軽減に働く。容易に代替業者が見つかる場合には事前契約は必要ないが、それが容易でない場合には、ある特定の外部業者との間で事前に契約し、緊急時の際に対応してもらう計画を考えることも必要である。

たとえ100％代替が可能でなくても部分的に代替生産ができるとすると、どのくらいの割合で代替生産できるかは重要な事前の確認事項である。また、事前に契約していなくても、代替生産請負業者が多数存在し、すぐに代替生産できる場合にはバックアップ体制は100％あると想定する。代替生産で補填できる割合を BU％（Back Up）とし、上記(2)式に反映させると(3)式とあらわされる。

事業中断期間： $BI = (RP + LT + MP) \times (100\% - BU\%) - IN$ （3）

③グループ内施設での代替製造

外部業者を使うよりもグループ内の設備に余裕があり、罹災製造工程の一部でも代替生産できるようであれば、外部業者よりも社内の方が早急に対応できるはずで、融通性もよくコスト的にも効率かつ迅速であると考えられる。そのために社内で同じ生産設備があるか否かを調査し、その現在の稼動率も事前に知るべき項目である。万一のときには臨時費用を支出してシフトを増加してでも対応できるものか否か？　また、どの程度バックアップとして増産が期待できるかも調査の上、上式（3）の $BU\%$ を決定する。

④ビジネス早期復旧計画の有無

リスクマネジメント体制が確立した施設では、事業中断のリスクに対して事前シナリオを想定した早期復旧計画が整備され、十分な訓練を行っている場合がある。そのような施設は、事業中断期間を調査・分析し、その期間をできるだけ短くするためのバックアップ体制や事前準備をしているはずである。その復旧計画を吟味し有効に働くかどうかを調査し、有効に機能すると判断される場合には、そのシナリオに沿ったリスク評価を行うべきである。

(5) シナリオの形成　一事故による罹災対象「ワンリスク(One Risk)」の特定

例えば、長期の事業中断が予想される作業エリアで火災が起こったと想定する。その火災の類焼エリアとしてどの建物、在庫、機械設備を含むのかということを判断することは、「ワンリスク」の特定の上で重要である。一事故によるワンリスクにリスク対応策（例えば、在庫による対応）が影響を受けるかどうかは事業中断リスクを軽減できるかどうかに関わるからである。例えば以下のような例を想定してみよう。

①　ボトルネックの機械の規格を書いた書類や図面が同じ罹災エリアにあ

り、同時に消失してしまった。機械の規格書や図面は容易には復旧できないので中断が長引く可能性がある。
② コンピュータデータのバックアップが同じ罹災エリアにあり、同時に消失してしまった。上記同様、顧客情報などのデータのバックアップは容易ではないので、復旧期間は長引く可能性がある。
③ 在庫が同じ火災区画に存在していたため、火災事故により在庫も消失してしまった。在庫での供給継続は不可能になる。
④ バックアップ生産体制があったが隣接していたため、同じ火災により罹災してしまった。したがって隣接していた生産体制はバックアップとして機能しない。

また、火災のシナリオを考える際には火の熱による損害にとどまらず、煙や消火活動による水の影響で使用不可能になる機械設備も考えられるため、それらの影響範囲も「ワンリスク」と考える。実際火災シナリオの場合には、火災発生場所からの距離・空間、壁、可燃物の量、建物間の距離により延焼範囲が決定される。

さらに火災だけにとどまらず、その他の事故、例えば爆発、地震、洪水などを考えた場合に、1つの事故・自然災害によりどのエリアまで罹災するかを決定することは、事業リスクを分析する上でとても重要な調査項目である。

前例S社をあげて事業中断リスクがどの程度想定できるかを論じよう。図2-3の企業Sについて調査した結果、以下のことが判明したとしよう。また、想定として火災リスクによる事業中断リスクの分析を行う。

調査結果：
- S社において兵庫県明石市に所在するA工場はB工場に車のエンジンを供給する生産工程を有しているため、このエンジン生産が停止するとその他の工場の組立て工程が中断する。したがってA工場がSグループのボトルネックとなる工場である。
- A工場の建屋の配置図面は図2-4である。A工場は製造建屋P棟と倉庫建屋Q棟の2つの建物からなり、PからQへの延焼危険はない（建屋間隔が20メートルあり、コンクリート壁で開口部がないので、火災

第 2 章　リスクマネジメントと事業中断リスク　　51

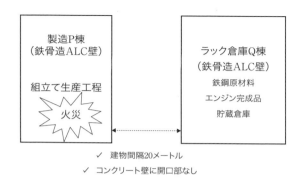

✓ 建物間隔20メートル
✓ コンクリート壁に開口部なし

図 2-4　A 工場構内配置図面

はQ棟へは広がらない）と判断される。したがって、P棟が「ワンリスク」であると判断できる。

- A工場を調査した結果、エンジン組立てラインは単一ラインで、そこでの組立て工程はすべてコンピュータ制御の全自動で行われている。ボトルネックとなる機械設備は、組立て装置で外国製の特注の装置であり、復旧期間に少なく見積もっても8カ月掛かる。この組立て装置は社内の施設のどの工場にもない装置で、事故の際には再発注し購入しなければならない。ただし、外注業者のI社は事前契約により有事発生後1カ月で供給開始ができ、損失生産量の約30％の生産下請けを約束している。コンピュータ制御の仕様やデータのバックアップは企業Sの本社がある滋賀県彦根市で毎日行われており、コンピュータ設備の仕様やデータは早急に復旧できる。P棟の建屋復旧期間は再建築に要する期間と同じで6カ月である。

- 建物、機械設備が完全再配置されてから生産のリードタイムが1カ月。市場への完全浸透に2カ月必要であるが、徐々に市場の回復が期待できる。市場への浸透期間中の実質売上げ損失期間として1カ月とする。

- S社が採用しているリスク軽減策は、主に在庫を抱えることで事業中断リスクを軽減しようとしている。それぞれの工場が通常抱えている在庫期間はそれぞれ、A工場は2カ月、B工場は1カ月、C工場は1カ月、D工場は4カ月、E工場は2カ月である。それ以外にA工場から約20

キロメートルはなれた神戸港(米国の工場に輸出するための港)の倉庫にB工場に輸出する1カ月分が在庫として置かれている。
- A工場は鉄鋼の原材料供給業者のT社にほぼ100%依存しており、T社に事故がある場合に競合会社J社に受注可能であり、J社からの供給開始までに3カ月かかると予想しており、その為に鉄鋼材料の在庫を3カ月分A工場構内Q棟に抱えている。

図2-5は「A工場復旧の時間軸」である。A工場は、罹災工場であるので直接事業中断リスクが想定される。P棟の復旧にかかる時間は6カ月、組立て機械復旧に要する時間は8カ月、これらは同時並行で行われる。生産リードタイムと市場浸透期間を合わせると2カ月であるので、火災発生から合計10カ月が復旧に必要な期間である。

リスク軽減として在庫と下請け業者への委託が考えられる。Q棟は罹災しないので、火災発生から2カ月は在庫により供給できる。代替生産は有事発生から1カ月後から始まるので、影響を受ける9カ月の30%は受注業者により生産が行われる。

この場合、実質の中断リスクは式(3)から以下のように計算される。

　　A工場:直接事業中断リスク(DBI)
　　DBI=10カ月−(9カ月×30%)−2カ月=5.3カ月=44%(1年を100%とした場合)

B、C、D、E工場はA工場罹災による相互依存事業中断リスク(BII)が存在する。B工場は、A工場の中断期間が影響するので復旧に要するのに5.3カ月掛かるが、2カ月分(神戸港の倉庫にB工場に輸出する1カ月分の在庫を含む)の在庫で対応するので、実質の中断期間は、

　　B工場:BII=5.3カ月−2カ月=3.3カ月=28%(1年を100%とした場合)

同様に、C、D、E工場はB工場の影響を受けるので、復旧を要するのに上記の3.3カ月であるが、C工場は1カ月分、D工場は4カ月分、E工場は2カ月分の在庫があることにより対応でき、それぞれ計算すると、

　　C工場:BII=3.3カ月−1カ月=2.3カ月=19%(1年を100%とした場合)

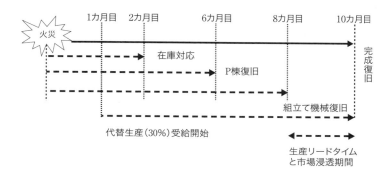

図 2-5　A 工場復旧の時間軸

D 工場：BII = 3.3 カ月 − 4 カ月 ＜ 0　中断なし
E 工場：BII = 3.3 カ月 − 2 カ月 = 1.3 カ月 = 11％（1 年を 100％とした場合）

なお、A 工場の構外利益事業中断リスク（CBI）は T 社の火災による原材料の供給が途絶えるリスクと考えられる。しかし、J 社による原材料供給開始の猶予 3 カ月に対して A 工場が抱える原材料の在庫 3 カ月分が存在するので、この場合 CBI リスクはゼロであると考えられる。

(6) 事業中断リスクによる財務的な影響の分析

これまで事業中断リスクに注目し、物理的な影響度合いと事業の中断期間の評価方法を論じてきた。しかし、さらにグループ企業としての財務的な影響度を分析し、事業中断リスクを数値評価する必要がある。

事業中断による企業への財務的な影響とは、生産活動がストップすることによる製品供給減とともに利益の減少が伴う。しかし、それ以外に、継続的に支払わなければならないような固定費（従業員の給与など）、さらに復旧を早期に行うための臨時費用が追加的に負担となる。製造中止により原材料購入などの変動費は減少するので、予想売上げから予想変動費を差し引くことでリスクが求められる。

1 年間の期待売上げ高を R（Revenue）、期待固定費を FC（Fixed Costs）、期待変動費を VC（Variable Costs）、期待営業利益を P（Profit）、復旧のた

めの期待臨時費用を E（Expense）とすると

$$R = FC + VC + P \qquad (4)式$$

(4) 式を変形し、

$$R - VC = FC + P = CM \qquad (5)式$$

ここで CM を「コントリビューション・マージン（Contribution Margin）」とよぶ。

例えば1年間事業が中断する場合の事業中断損害（Business Interruption）は、BI (5) 式に復旧活動による臨時費用 E を加えて

$$BI = (R - VC) + E = (FC + P) + E = CM + E \qquad (6)式$$

中断の期間が1年でないとき、1年間を100%とした場合の中断期間を P % とした場合、BI は (7) 式であらわされる。

$$BI = (CM \times P\%) + E \qquad (7)式$$

すなわち、年間の生産活動に季節変動がなく年間を通じての売上げ変動がない場合、財務情報から1年間のコントリビューション・マージンを求め、リスクアセスメントで求めた復旧期間（%）を掛け合わせることで事業中断の損失リスクを見積もることができるのである。

営業活動に季節変動がある場合には、事業中断リスクの対象となる期間はこの変動のピーク期間であり、この期間のコントリビューション・マージンを求め臨時費用を加えることで事業中断の損失リスクを見積ることができる。

前例S社を再度考えてみると、企業Sの売上げは季節変動がなく、S企業のA、B、C、D、Eのそれぞれの1年間のコントリビューション・マージンは以下の通りであるとしよう。

A 工場：CM 30 億円　臨時費用 5 億円　　（7）式から　DBI は 18.2 億円。
B 工場：CM 20 億円　臨時費用 5 千万円　（7）式から　BII は 6.1 億円。
C 工場：CM 10 億円　臨時費用 5 千万円　（7）式から　BII は 2.4 億円。
D 工場：CM 30 億円　臨時費用なし　　　（7）式から　BII はゼロ。

E工場：CM20億円　臨時費用2千万円　(7)式から　BIIは2.4億円。

　グループS社としての本火災シナリオによる事業中断リスクでの財務的な影響は上記数字の和で求められ、本例では、DBI、BIIを含めた29.1億円と予想される。

第5節　事業中断リスクのマネジメントとリスク移転（保険）の活用

　事業中断リスクを管理、コントロールする方法として、在庫をもつ、有効なビジネス継続プランを立てる、バックアップ体制を整えることなどが考えられる。しかし、それでもどうしても避けられない事業中断リスクに関しては、そのリスクを分析し財務体力として耐えられないリスク規模であると判断された場合は、保険によるリスク移転を考えるべきである。企業分野の利益保険を購入すればよい。

　効率の良いリスク移転プログラム（保険）とは、事業中断期間を保険証券の約定填補期間とし、在庫などによる初期の事業継続期間を免責期間として設定するべきであろう。これが、効率良く保険の補償を組む手法である。さらに保険金額としては予想売上げ―予想変動費により計算し、グループ企業総体として一括した補償の購入が、より有効で効率の良いリスク移転策となる。

第6節　結論

　本章では、リスクマネジメントの定義をISO31000から再度議論し、リスクマネジメントが終焉のないプロセスであると論じた。すなわちリスクマネジメントは、リスクの特定に始まり、リスクアセスメント、リスク対応、そしてモニタリングとレビューを繰り返し行うことである。

　さらに、企業の重要なリスクである事業中断リスクに注目し、具体的な事例S社を想定し、リスクアセスメントとコントロール手法を使ってシナリオ分析を行った。

　実務の現場では、本事例のような簡単な事例以外にも、複雑であるケース

も多い。企業は様々な商品を複雑な経路で製造し販売しているために、リスクアセスメントは実に煩雑で長期に及ぶ作業を要求される。この煩雑な分析が必要だからであろうか、日本企業でこのような分析を行っているところは稀である。この事業中断リスクを移転する手法として、利益保険があるが、この保険によって事業中断リスクを移転している企業は少ない。また、利益保険を購入している企業も、効率良く補償を組んでいるのか疑問であるといえよう。

　現在のビジネスモデルは、事業の集中と選択を行い、サプライ・チェーンやジャスト・イン・タイム生産方式によって在庫を減らし、パートナー企業との依存レベルが益々強められている。この経営スタイルにより効率性が向上している反面、大きな事業中断のリスクを抱えることになっている現状を我々は認識すべきである。その意味で、経営者はこのように事業中断リスクの分析をし、新たなビジネスモデルによるコスト減と事業中断リスクのコスト増の双方のバランスを考えた上で、リスクマネジメントを経営判断として取り扱うべきである。

第3章
リスクマネジメントとHPR

第1節　はじめに

　2003年、米国における損害保険会社の大手であるケンパー保険会社が保険引受け事業から完全撤退した。ケンパー社は、FM社[1]、IRI社[2]とともに、HPR（"Highly Protected Risk"：高度な防災設備が備えられた財物リスクのこと。本章では以降HPRとよぶ）を引受ける大手保険会社3社の中の1つとして活躍し、当時3000社存在するといわれている全米の保険市場で第13位にランクされていた企業保険の大手優良損害保険会社の1社であった。

　本書第1章で、リスクを回避する企業は保険を購入し、保険会社は保険を購入する契約者（被保険者）のモラルハザードや逆選択の問題を解決するために、細分化されたリスク商品を提供しようと試みると論じた。HPRはまさにリスク情報を完全に保険会社が掌握できる財物のため逆選択の問題を解決する。また保険者がモラルハザードを回避するためのリスク低減策を顧客が実施し、そのメリットを共に享受できる商品であった。契約者（被保険者）の恩恵は、その良いリスクレベルに合った適正な保険料を提示されるため、不公平のない合理的な保険料が提示され、通常のHPRでない財物保険料の4分の1から5分の1程度の低い保険料になるほどであった。

　ケンパー保険会社は、HPRと認定された企業保険商品を取り扱い、いわゆる保険とリスクマネジメントを融合させた商品を取り扱っていた3社のうちの1社であった。1980年代後半に、ケンパー保険会社の日本支社[3]は、日

本市場において当時の大蔵省の認可を受け、初めて「HPR-Japan」を企業分野の主力保険商品として投入した。それ以後10数年して、HPR-Japan は成功することなく終わる。本章は、この1つの失敗事例を通じて、米国式のリスクマネジメントがなぜ日本に受け入れられなかったのか？ また、防災システムの企業への導入が、日本においていかに困難かについて、HPR のケースを紹介しながら論じたい。そして、今後の日本における財物リスクマネジメントの課題と克服すべき問題を提起する。さらに、HPR が現在の保険業界と企業のリスクマネジメントに残した遺産について論じる。

第2節　高度防災設備が施されたリスク「HPR：Highly Protected Risk」とは？

　HPR の起源は1835年にまでさかのぼる。不況が激しかった19世紀前半、米国ロードアイランドの繊維工場のオーナー、ザカリア・アレン（Zachariah Allen）氏は保険料の負担を少しでも削減しようと、火災が燃え広がらないような防災設備を工場に施し、定期的な防災調査を行った。第2章で論じたように、このようにリスク（この場合、火災）が起きないように努力することを、「リスクコントロール」また、保険業界では「ロスコントロール」とよぶ（以降本章ではリスクコントロールとする）。アレン氏は、このような防災活動は経済原則に合致する行動であると考えた。つまり徹底した防災設備を施し、定期的な調査と維持活動を行え、リスクが減少するので、当然火災保険料も軽減されるべきであると考えた。このリスクコントロール活動は、現在では、経営者が考えることが常識であるといわれているが、当時は防災活動による保険料つまりリスク軽減対価としてのコストの削減は、保険会社によって完全に否定されていた。

　保険会社は歴史的にその源泉が相互会社形態から始まった事実が示すように、リスクを多くの契約者に分散させることで存在意義をもつ業種である。つまり、「痛み分け」の概念である。HPR が初めて世に出るまでは、保険会社では、「良いリスク」[4]が「悪いリスク」の損害を支払うものと考えられていた。つまり、支払い保険金は個々のリスク良い悪いにかかわらず、すべての契約者で分担するという原則である。今から10年ほど前、日本ではリスク細分化商品として差別化された保険が多く発売されたが、未払いの問題を

解消するため近年は標準化された（細分化されない保険）保険提供の傾向が見られる。したがって、今でも保険会社はこの「痛み分け」原則が貫かれているのである。

　そこでアレン氏はこの理念、リスク軽減が保険料軽減につながる理念、に賛同する他の工場オーナーと共同で、「キャプティブ保険会社」をつくることを考えた。キャプティブはつまりは自家保険のこと（キャプティブに関しては第5章を参照すること）。そして、そのキャプティブ保険会社の引受け基準を、「良いリスク」、つまり「完全に防災設備が施されたと認定されたリスク」に限定した。これがHPRの起源である。つまり、

良いリスク＝低い保険料

という仕組みは、キャプティブ保険を設立することで成功したのである。後年、このキャプティブ保険会社は大きく成長し、商業保険会社化されFactory Mutual System（現在のFMグローバル）となった。

　その理念の下ではリスクとコストは比例する。つまり、リスクが高ければそれを処理するためのコスト（保険料）は高くなり、リスクが低ければそれを処理するためのコスト（保険料）は低くなる。この原則下では、企業が努力してリスクマネジメントを行い、リスクの軽減をはかった工場主（つまりここでは保険の契約者）はその努力に見合った保険料の削減という恩恵を期待できるという合理的な発想である。これがHPRの基本理念である。

　International Risk Management Instituteが出版している"Glossary of Insurance and Risk Management Terms"によるHPRの定義は以下のように記述されている。

> 　HPR財物リスクとは、リスクが低いと判断される職種・業種、または、非常に強固な建材で建てられた建造物、特別な消防設備が施された建物、さらに、建物管理者の防災への意識が高く、優れた防災基準が施されている財物。このような良好な要件を兼ね備えることで他の財物リスクより損害の発生可能性と損害の規模が低い財物を"HPR"または「高度防災が施された建物」とよぶ。このようにHPRに認定された場合、火災保険などの財物保険料の大幅な軽減ができる。

初期のHPRの引受けを限定したグループ・キャプティブ保険会社は、共同の引受け組織であった。そのキャプティブ保険会社の基本的な考え方は、「企業が不測の損害を受けたときに、保険金を受け取ればよいとの考えよりは、事故自体を未然に予防した方が良い」との防災を最優先することに力点を置いている。つまり、保険引受け上問題となるモラルハザードと逆選択の問題を完全に排除する理想を追ったのである。このような理由から、その対象物件については、高度な防災設置基準を厳格に追及している。

　このように、「高度にリスクが軽減された良い条件」を兼ね備えたHPRに該当する物件はリスクが極めて低いため、当然のことながら保険料率は非常に低いものが適用された。HPRに該当しない物件の保険は、HPRキャプティブ保険会社では引受けられないので、HPRに比べると極めて高い保険料を支払うことを条件に引受け保険会社を探さねばならず、場合によっては引受け保険会社がまったくないということにもなりかねない。米国の場合、3000社を超える保険会社の中のどれでも良いということでなく、保険会社の財務的な健全性が重要な保険会社選択条件となる。高い保険料を支払っても損害支払いの信用力のある保険会社と契約することが保険には重要な要素である。米国では、保険会社選びもリスクだったのである。

第3節　商用財物リスク
工場などの建物・装置等の物リスク

　工場の建物・装置あるいは大規模な建物等の火災・爆発等を「財物リスク[5]」とよんでいる。我々個人物件のリスクとは異なり、商用財物リスクは個々の物件によりリスク形態が様々である[6]。そして、事故が発生した場合、損害の規模もそれぞれ異なる。このような企業物件のリスクを引受けるとき、保険会社は通常、個々の物件のリスクや予想最大損害額（PML）[7]を技術面から検討・分析して保険条件や保険料を決定する。特に数十億、数百億円の損害が発生する可能性がある高額の物件の引受けにあたっては、リスクの引受け手である元受保険会社は、そのすべての危険を自社で保有することは経済的にも限界を超えるため、元受保険会社は他の保険会社に保険を掛ける。これを「再保険」とよぶ。

　再保険会社のリスク引受けにあたっても、元受会社が行ったリスク調査・

分析の結果に基づいて引受けの可否や引受けの額の決定を行うのが常である。元受保険会社のリスクエンジニア（防災技術者や防災コンサルタント）が作成するリスク調査書[8]には再保険の引受け条件（特に引受け保険金額）や保険料を左右させる情報が多く、その調査報告書は、引受けにあたって非常に重要なものとなる。このように、元受保険会社および再保険会社は、引受け条件・保険料の算定を行うためにリスク調査書を作成できるリスクエンジニアを必要としているのである。

また引受け対象物件、例えば石油・石油化学工場、一般工場や高層ビルとではリスクもまったく異なるため、業種によってもその専門のエンジニアが必要となる場合がある。また、事故調査や防災診断のためのエンジニアも必要としている。このように仕事の内容によって色々なエンジニアが要求されるが、国土の広い米国においてはこのようなエンジニアを主要都市に配置しておかなければならない。したがって、工場物件の火災保険を引受ける保険会社は少なくとも100人以上もの防災、リスクコントロールに特化したエンジニアを抱えておくことが必要となる。彼らは自社で厳しい訓練を受けた専門家であり、個々の保険会社がこのようなエンジニアを自社で雇用していては効率面・経済面から見ても、得策とはいえない。このようなことから保険会社が数社〜数十社集まってこの種の物件を引受けるために共同の引受け組織を設立したり[9]、自社では一切契約を取り扱わず専門的保険会社に任せることが一般的である。

第4節　米国における保険会社の防災技術

保険会社は、保険金支払い業務を通じて多くの事故に関わり、保険金支払いの前提となる損害原因、損害規模などの多くの経験をもっている。当然、実際の事故処理から得た多くのデータに基づき、事故防止の方策についての豊富な経験と高度の技術をもつことになる。

米国における企業防災は、日本の防災設備の設置が「消防法の規定に合致し、消防署等の検査に合格すれば良い」という「官主導型」のものとは異なり、企業自身の自主防災を中心とした「民間主導型」が特徴である。もちろん米国でも、郡や市で消火設備の最低限の設置が定められており、新しい設

備が完工した場合は消防署による検査もある。しかし、消防署等による検査はあくまでも法規上要求している配置基準に合致しているか否かの診断にとどまり、実際は、工場、建設業者、プラント等の商用建物の所有者は、保険会社のエンジニアによる現地調査により防火設備が適切かどうかの評価を受けるのが通常である。

米国の防火設備の指針となっているものは、National Fire Protection Association（アメリカ消防協会：NFPAとよぶ）が定めている防災基準であるが、郡や市の認可する消防基準もNFPAの基準を参照している。消防庁だけでなく、保険会社がNFPAの各分科会に参画し、基準の内容やその運用実態の把握、火災の実例から今の基準が適正か否かを判断している。このように保険会社が基準作成・改訂に関与するなど[10]していて、NFPAのリーダー的存在となっている点が日本とまったく異なる。ちなみに、このNFPAは3年に1回改訂され、現状や損害履歴の調査、実験結果に従って常に一番合理的に決められたものである。NFPAが目指すものは、自動的な防災設備によって、「火災をコントロールする」ための基準づくりであり、これは保険会社の防災理念と同じである。

実例を紹介すると、某日本企業が米国に工場を建設するのにあたり、主要機器は米国内で調達するが、電機計測機器関係は日本から輸出することにしていた。これらの電機計測機器は、米国の安全規格であるUL規格[11]、FM規格[12]やNEC規格[13]に基づいて設定されたものではなく、日本のJIS規格に基づいたものだった。通常、米国で使用する機器はUL/FM規格かNEC規格に合格したものでないといけない。当該工場の建築許可を得るにあたって、UL、FMやNEC規格に合格したものでない機器を使用しているということで市との間でもめたが、最終的には当該工場の火災保険を引受ける保険会社が必ず事故は補償するとの確認書を提出することで設置許可を得た例があった。この事例は、米国においては保険会社が有能な防災エンジニアをもち、多くの経験と情報をもっていると信用されている証しであろう。

第5節　HPRの条件

HPRの該当する物件としては、工場物件、装置、事務所、ホテル、

ショッピングセンター、病院、倉庫等商用施設が対象である。しかし、これらの施設はすべて HPR 物件に該当するわけではない。実際の適用にあたっては、個々に相違があるが、次の8つの条件を満たしていることを HPR 適用の条件としている。

(1) 対象物件の規模（Scale）

保険金額が一定規模以上の物件であること。例えば、建物あるいは装置の価値が2百万米ドル（約2億2千万円）～3百万米ドル（約3億3千万円）以上のものを原則的に対象物件とする。なぜなら保険会社は HPR 物件[14]の引受けにあたり、定期的な防災調査を提供することを条件としているからである。価値の小さい物件の場合は、その保険料で防災サービスの費用を賄うことができない。ただし例外的に2百万米ドル以下の物件であっても対象となることもある。

(2) 類焼危険（Exposure）

火災の類焼危険（類焼、延焼危険）が小さい、または、そのリスクが小さい物件であっても、消火設備により十分に防護された物件であること。建物内の使用機器が公的な UL 規格や NEC 規格あるいは、保険会社の認めた規格[15]に合格したものが使用され、また建物、装置あるいは製造方法が十分な安全性を有し、操作・管理上も十分に安全であること。また、作業工程上出火危険が高いものであってもその安全対策がなされ、かつ、自動消火スプリンクラー設備、炭酸ガス、ハロンなど、その業種・作業に適した自動消火設備が設けられている場合は HPR 物件になりえる。

(3) 管理体制（Management）

次の諸条件を満たす防災管理体制が確立していること。

① 整理整頓が行き届いていること。
② 適切な喫煙場所を設けて危険地域での禁煙が励行されていること。
③ 危険物取り扱いおよび緊急時の対応策について教育が行われていること。
④ 防火設備は常時良好に作動する状態に保たれていること。また、スプ

リンクラー防火戸、消火器、ホースの連結口およびスプリンクラー制御弁は毎週の起動試験、および毎月の放水点検が行われていること。
⑤ 消防隊の教育訓練を行っていること。
⑥ 適切な許可制のもとに溶接・溶断作業が行われ安全処置が施されていること。
⑦ メインテナンスなどのために事前に予想される消防火設備の作動停止時は、スケジュール化された防災措置体制を施していること。また、スプリンクラー設備などの主要な消防設備の停止は、事前に保険会社に通知すること。停止解除のときも保険会社に通知する。
⑧ 保険会社が提示する防災アドバイスはできるだけ対応し、リスク改善を行う努力を行うこと。

(4) 物件調査 (Inspection)

保険会社から派遣される防災エンジニアの定期的な防災調査を受け、その指導に従うこと。防災エンジニアの点検項目はおよそ次の通りである。

① 設置されている防火設備が故障なく有効に働くかどうか、また、管理運営されているかを調査、問題点があればそれを改善する方策をアドバイスする。
② 自営消防隊および緊急時の対策について、その効果を評価する。
③ 火災・爆発等に対する安全性の観点より、工場新設・増改築などには事前のアドバイスを行う。
④ 工場内従業員の防災教育訓練および自主点検基準の設定についてアドバイスする。

(5) 建物構造 (Construction)

次の諸条件に合致する必要がある。

① 原則として耐火または不燃構造であること。但し、可燃構造でも適切な自動消火設備で防御されていること。
② 危険な作業・用途地域は、必要最小限にとどめ、適切な防火区画を施

すこと。
③ 製造作業を行っているエリアは、原材料・製品保管エリアと十分な空間をとることで隔離するか、あるいは防火壁で分離されていること。
④ 危険な作業および用途の隣接建屋から十分な隔離あるいは遮断が施されていること。

(6) 防災設備（Protection）

次の諸条件に合致する必要がある。

① 可燃性構造の建物あるいは可燃性取り扱いエリアは、すべてHPR基準（例えばNFPA基準）に従って設置された自動消防設備を適切に備えていること。
② 特殊危険を有する地域は、適切な自動炭酸ガス、泡、粉末消火設備あるいは、その他の施設から類焼危険に対して次のように適切に防護されていること。
    a. 防火壁、防水戸を設けている。
    b. 延焼防止用散水設備を外周に設けている。
    c. 屋外消火栓等の火災設備を設けている。
③ スプリンクラーの設備および屋外消火栓は、想定する火災継続時間を考慮した必要量を満たす給水源から給水できること。

(7) 警備・監視体制（Supervision）

次の条件のいずれか1つを満たしていること。

① 365日24時間警備員を常駐させ、昼夜を問わず定期的（1時間または2時間おき）に、巡回時計を用いての巡回警備が行われていること。
② 以下の装置を監視し、また操作の作動が中央制御室で365日24時間集中監視できること。または、機械警備により常に監視していること。
    a. 各スプリンクラー設備系統における流水警報
    b. スプリンクラー制御弁・警報弁の監視
    c. スプリンクラー末端施設地域等における自動火災報知器

d. 乾式スプリンクラー設備の気圧の監視
e. 高架タンクおよび消火ポンプ用貯水槽の水位の監視
f. 消火ポンプの作動および動力源の監視

(8) 建物の占有状況（Occupancy）

　米国の大部分の工場物件はHPRの対象となり得る。また、大きな店舗や公共建物のような非工場物件もまた、HPRの対象となる可能性が高い。通常それらは同一人の所有になっていなければならず、雑居ビルなどオーナーが分かれている物件はHPRの対象とはなり得ない。なぜなら、このような場合、消火設備のコントロールや火災の責任所在が曖昧になるからである。
　更に次のような条件が必要とされる。

① 建物および屋外構築物が隣接物件から十分に隔離されている。あるいは隣接物件と接していれば類焼の被害を最小限に制御するような防災設備を施しているか、防火壁のようなものがある。
② 好ましくない立地、あるいは周辺環境に問題があれば、公衆の立ち入りを阻止し、放火や蛮行の危険を最小限に止めるように設計されている。

第6節　日本におけるHPRの可能性
日本の消防法と米国のNFPA理念・考え方の違い

　前節で論じたように、米国のNFPAが意図するのは、自動的に火災を「コントロール」することに焦点をあてた消防設備を、すべての業種を対象に標準化した「任意的な消防基準」だということである。一方、日本の消防法は、火災発生後、人が避難できることに焦点をあてた初期消火としての消防設備を備えていれば良く、避難後は消防署の消火活動の責任領域である、といった目的に沿った「最低限守らなければならない消防規則」である。この点で両国の消火設備に対する考え方に違いがある。例えば、NFPAでは最低60分の自動消火設備の容量が要求されているものに対して、日本の消防法では、最低20分の自動消火設備の容量を要求している。恐らく、20分というのは消防署が火災現場に到着するまでの時間で、その間建物内の人が避難できるレベルで考えているのである。

第3章　リスクマネジメントとHPR　67

　次に違うのは、米国のスプリンクラー自動消火設備は地下を走っている市水管から直接取水できる設備であるのに対し、日本はそれが認められていない。日本では、個々の建物に消火水槽を持たなければならず、市水管からの取水は禁止されている。これは消防設備が市水から取水できると汚染・汚濁を恐れているのである。このため、自動消防設備において十分な消火水を確保できない。
　3つめに、通常の製造工場または倉庫などの建屋において、自動スプリンクラーの設置を提案している NFPA に対して、日本の消防法ではこれらの施設にスプリンクラーを通常要求していない点などが大きな違いである。このように、基準、考え方の違いから、日本において HPR を満足する建物は限られたものになる。例えば、近年に建設された高層オフィスビル、ホテルなどはスプリンクラーが法的に要求されるので、HPR の対象になる可能性が高い。
　このように、日本で HPR に該当するためには、消防水源の量が法的必要量の3倍も必要とされ、ポンプもそれに見合った容量、配管サイズが要求されるため、設備投資コストが大幅に増加する。例えば、日本の消防法では、自動スプリンクラーが必要でなく、屋内・屋外の消火栓のみが必要であった倉庫建屋では2000万円から3000万円で消火設備が完備されるのに対して、HPR の基準を適用すると、自動スプリンクラー消火設備が必要で、2億円から4億円もの消火設備コストが必要となったケースを見た。このように便益面から保険料の軽減ではペイしない状態になるのである。

第 7 節　日本における HPR の現状

　前節の議論では、日本では便益性が悪いので、HPR に適合する可能性が低いといった結論になる。しかし、リスクマネジメントの世界同一基準を目指す外資系企業は、日本の子会社においても、新たに建物を建てるときには HPR 基準で建築するといった原則から HPR として建設された物件が数は多くないが存在する。そのような企業の中には総建設コストの3%から4%を防災設備のために出費した企業も見られた。中には消防法に従ったもので建設すれば消防設備に 0.5% もかからなかったであろう物件に、その6倍から

8倍のコストをかけてHPR基準の防災設備を施した建物にしたものもあった。米国基準の消防基準を日本で行うといかにコストが高くつくかがわかるであろう。このように米国基準を日本に適用すると特別注文の消防設備になるのでコストは大きくなるが、それは、国や消防署の防災システムに対する考え方の違いが根底にあるのである。つまり、火災を対象としたリスクを一例にあげたが、日本ではリスクマネジメントの原則を人の安全に限定し、米国ではリスクをコントロールし人的資産と同時に財物資産も守ることも目的にしている。このように日米のリスク対する考えには違いがある。

　保険会社の立場からすると信頼できる自動での防災設備を施してほしいと考えるのは当然であろう。契約者（被保険者）は保険料が高くなっても建設コストを下げる方が良いとの選択もあるであろうが、彼らはリスクの潜在的なコストは上昇することを認識していない。米国における防火設備の考え方は、便益面だけでないリスクコスト軽減を目的にしているのである。例えば、米国においてはスプリンクラー設備のない建物構内で従業員を火災で死亡させ、会社に対する賠償責任が問題になった場合、NFPA基準に従ってやるべきことを怠ったとなれば、多額の賠償金を支払わなければならない。一方、日本では不慮の事故として裁判沙汰にはならないであろう。米国では賠償責任として訴えられ多額の賠償金を支払うリスクのこともあり、賠償リスク軽減のためにも、工場施設の基本設計の段階から、さらに工場敷地の手配の段階から消防設備の打ち合わせをもち、HPR基準でと考える米国企業が多いのである。

　従業員の防災に対する考え方にも違いがある。例えば、日本企業の従業員は火災時に初期消火活動を熱心に行うことを鑑みると、人が行う消火体制は日本の方が米国のそれよりも優れているのではと思わされる。米国では、従業員や自営消防組織のほんの初期消火活動のみで、後の消火活動は無理であるとの考えから自動消火設備に頼るのだと考える企業が多い。

　保険料の点では、HPRの保険料とHPRでない物件のそれでは大きく違う。例えば、米国では特に1980年は保険市場がハードマーケット[16]であったので、HPRであることで、オールリスクと利益保険が対象となり、Non-HPR[17]の通常の4分の1から5分の1の保険料で済むといわれていた。一方、日本における認可保険商品であるHPR-Japan[18]では保険料の削減の対象が火

災保険料部分にのみに限定され、最大で普通火災の40％の保険料削減が可能になった。しかし、この最大40％の保険料削減も、日本でHPRを建設するためのコストと維持するためのコストを合わせるとどうしても折り合いがつかない。米国のように、スプリンクラーをすべての施設に施すことが基準に合致するという場合、設備コスト面でも日本より安価で、保険料の減少で消防設備のコスト増を十分賄えるのである。

　日本の企業で、数億円をかけてでも日本の消防法で必要としていない消防設備を備えるだろうか？　日本では、リスクにはコストを伴う考えが浸透していない、よってHPR物件にしようという動機づけがない。これらの理由で、日本市場ではHPR-Japanはほとんど浸透しなかった。

　最後に日本人の災害に対する心構えが米国の心構えと違うこともHPRが浸透しなかった理由だと思われる。最近でこそ日本企業においてリスクマネジメントを声高に叫ぶが、まだリスクに事前に対応する姿勢は米国のそれとはかなり遅れている感がある。災害を他人事と考えている日本人がいかに多いか。例えば、日本では、ほとんどの企業に専属のリスクマネジャーが存在しないことがその証しである。欧米では、組織内にリスクを専門に管理する役職があるのが一般であるが、日本企業はリスクが顕在化したときにあたふたと対応する待ちの姿勢が多いのはリスクマネジャーという役職が存在しないからではないか。

第8節　1990年代のHPR米国市場

　1990年代には国外の保険市場がソフトマーケット化（保険料率が低下）していった。つまり、1980年代のハードマーケットであった保険業界に、利益を求める新規参入企業が増え、保険会社間で保険料競争が始まり、値引き合戦が繰り広げられソフトマーケット化していく。

　財物リスクの圧倒的な価格差で顧客を獲得していたHPRを取り扱う3社、つまりFM社、IRI社、そしてケンパー社はこのソフトマーケットでHPRの取り扱い量を減らしていく。その理由は、これら3社以外の保険会社からHPRと同等またはそれ以下の保険料を提示され、HPRの客離れが起こったのである。このソフトマーケットが続き、3社の取り扱い保険料が激

減し、財務的に苦しい状態になっていった。その結果、IRI 社は GE グループに買収され、ケンパー社はランオフに追いこまれ現在ではもう存在しない。そして、ケンパーグループのランバーメンズ保険会社日本支社で提供されていた HPR-Japan は今では保険商品としては存在していない。

第9節　HPR の貢献

　それでは日本においても米国においても、HPR はリスク細分化保険としては失敗に終わったのであろうか？「リスクを下げると保険料が下がる」と言う HPR の理念は、HPR と non-HPR の2つの区分けから、リスクに対する適正コスト提示という保険料の細分化に変わってしまった。つまり、保険の引受け者、「アンダーライター」とよばれる保険会社は、リスクの規模と頻度を吟味し、リスクに対する防災体制がどのような状況かを見て、HPR で使用していたリスクの尺度の1つである PML によって保険金額の提供、HPR と同等の保険料の低価格設定を行うことが常態化したのである。

　例えば、HPR を扱う保険会社で COPE[19] とよばれていた保険情報は、今ではどの保険会社でも保険料見積もりのための欠かすことのできない情報になった。さらに、HPR 以外の保険会社も顧客のリスクマネジメントへの関心や活動を吟味し、その如何によって顧客選別を行うようになった。HPR を扱わない保険会社も、独自にリスクエンジニアを採用し、訓練と教育するようになった。そして、彼らリスクエンジニアが直接顧客企業に訪問し、防災助言を行うことで損害発生を未然に防ごうとするようになった。このように、HPR は現在のアンダーライティング[20]の中に組み込まれるようになった。日本の保険会社もまた損害防止またはリスクエンジニアリングの重要性を認識し、グループ内に別会社としてリスクコンサルティング会社を設立し顧客にサービスを提供するようになった。今後は、企業のリスクコントロールの有無がその保険料、保険会社の引受け有無に反映するようになるのではないだろうか。

第3章　リスクマネジメントとHPR　　71

第*10*節　おわりに

　本章は、HPR-Japanの日本における失敗事例を通じて、米国式のリスクマネジメントがなぜ日本に受け入れられなかったのか、また、システムとして導入が日本においていかに困難かについて、実例を紹介しながら、今後の日本における財物リスクマネジメントの課題と克服すべき問題を提起した。さらに、このHPRが現在の保険業界と企業のリスクマネジメントに残した貢献について論じた。

　最後になったが、著者はHPR-Japanに関わった日本におけるHPRリスクエンジニアの1人である。主にその経験から、HPR-Japanが存在していたこと、そしてHPRが保険業界に貢献したことを論じていった。日本においてはHPRという保険商品はなくなったが、海外において、そして、日本所在の外資系企業においてはHPRの概念はまだ残っている。現在でも、新規設備投資をリスクマネジメントの観点からHPR基準に合致させるには技術的にどうしたら良いか？と相談を受けることがある。今後、コーポレートガバナンス強化からリスクマネジメントを必要とする保険会社、外資系企業が増えるに違いない。さらに日本企業においてリスクマネジメントを専門とするリスクマネジャーが増えるであろうし、HPRの概念に基づいたリスクマネジメントを行う企業がますます増えるであろう。その際、HPRの防災基準はその重要な指針として組織において活用されるべきであろう。

[注]

1　ファクトリー・ミューチュアル社（Factory Mutual System）、現在のFMグローバル社。
2　当時のインダストリアル・リスク・インシュアラー（Industrial Risk Insurer）社。GE社により買収される。
3　日本における名称は"ランバーメンズ保険相互会社"。
4　ここで使われる"リスク"とは、保険の対象物（Exposure：エクスポージャ）のことである。
5　損害保険業界では、自然災害や火災、その他事故による財物への損害を称して「財物リスク」とよんでいる。これに対して契約上の権利・責任問題などの賠償責任に関

わる損害を「賠償責任リスク」とよんでいる。
6　リスク顕在化の頻度と損害規模で構成される。第2章参照のこと。
7　Probable Maximum Loss のこと。シナリオアプローチによる予想損害最大値。構内外にある私設の消火、防火、または防災設備が1つ役に立たないが、公設の消火、防火設備、防災設備が有効であるときの予想最大損害金額。
8　Underwriting Information ともよばれる。
9　例えば、Factory Mutual System は、1987年、42の相互会社が統合されて組織された3つの保険会社から構成される。つまり、Allendale 社、Protection Mutual 社、Arkwright 社の3社である。それら3社の引受けた HPR は、共同で抱える防災エンジニアにより調査、アドバイスなどを受けている。1999年にさらにこれらの3社は1つの組織、現在の FM Global 社に統合された。
10　例えば、消火設備であるポンプ、スプリンクラーなどに FM Approved, UL Listed (UL は Underwriter's Laboratory の略) などが規格化されているのは防災に保険会社が深く関わっていることを示す具体例である。
11　Underwriters' Laboratory listed（保険者実験室承認規格）のこと。
12　Factory Mutual approved（ファクトリーミューチュアル保険会社承認規格）のこと。
13　National Electric Code, NFPA Chapter 70 と同じ。米国電気製品規格のこと。
14　保険会社は HPR 物件をクラス A、HPR 以外をクラス B またはクラス C とよんでいる。
15　例えば、FM 規格（Factory Mutual approved）など。
16　保険料水準が高くなる期間を「ハードマーケット」、それに対して保険料水準が低くなる期間を「ソフトマーケット」とよぶ。保険料水準がサイクル的に変動するのである。
17　HPR でない物件のこと。
18　ケンパーグループのランバーメンズ保険相互会社の日本支社が認可を受け販売していた。
19　COPE とは構造（Construction）、業種（Occupancy）、防災体制（Protection）、類焼危険（Exposure）のこと。
20　Underwriting、保険引受けのプロセスのこと。

第4章
リスクの計量化
製造物賠償責任リスクのモデル推定

第1節　日本企業が直面する製造物賠償責任リスク

　トヨタ、ソニー、パナソニックなどの国際的に展開する企業はその生産物を海外に輸出するために様々なカントリーリスクに直面する。それらの国際企業が直面し脅威となるリスクの1つが製造物賠償責任（PL：Product Liability）リスクである。ロイ L. リアドンとジョージ M. ニーカム（1997）によると製造物賠償責任とは「あらゆる製品の製造、組立て、設計、検査、マーケティング、梱包、またはラベリングから生じる人的損害、死亡、または財産的損害に対する賠償責任である」と定義される。特に訴訟大国といわれる米国における賠償責任リスクは、日本企業にとっては喫緊の脅威であり、将来にわたって脅威であり続けよう。

　日本においても1995年7月1日、製造物賠償責任法（PL法）が施行された。それ以来、製造物賠償責任に関する意識が国内消費者の中に芽生え、製品に関する苦情は劇的に増加した。独立行政法人製品評価基盤機構のHP「平成19年度事故情報制度報告書」によると、「製品に起因する事故」は施行以前の1993年は400件、1994年は552件であったが、1995年では1051件、1996年では1013件と施行前の2倍に増加している。それ以降、事故件数は着実に増加し、2004年には2124件、2006年では3103件、2007年においては5245件もの製品に起因する事故が報告されている。この報告書が示す通り、日本の製造業は海外だけでなく国内市場においても賠償責任リスク

を意識した対策を講じる必要性が高まっている。

　本章では、国内・海外の製造物賠償リスクマネジメントを行うにあたって、日本企業がリスクを特定し、どのようにリスクを計量化するのかに焦点をあてて論じる。製造業である企業にとって脅威となるリスクをモデルにより計量化し推定できれば、リスクの対処策を作成し、そのファイナンス策も事前に決定できるからである。

第2節　損害保険リスクのモデル推定

　Gerber（1979）は、「保険損害の累積を連続的な確率過程であると捉えると、それはレヴィ過程（Lévy process）の1つである複合ポアソン過程（compound Poisson process）であらわすことが適当である。」と論じた。レヴィ過程に関しては、伊藤（1991）、佐藤（1990）、宮原（2003）が詳細に説明している。レヴィ過程は、「確率連続な加法過程（Incremental process）」のことである。伊藤（1991）によると、レヴィ過程の中でほとんど確実に連続なものを「ガウス型レヴィ過程」といい、また過程がほとんど確実に飛躍1で増加する階段関数のときは「ポアソン型レヴィ過程」という。Gerber（1979）は、保険損害の累積過程をこのポアソン型レヴィ過程で捉え、ポアソン型レヴィ過程で表現できるとしている。

　特に損害保険（Non-life insurance）リスクの定式化に関して、レヴィ過程に多くの学者が注目する。Mikosch（2009）は、「保険数学の世界では、類似するリスクの集積である損害保険リスクポートフォリオを考える場合、ポアソン型レヴィ過程は、損害発生数と累積損害額を定式化する基本モデルとして100年以上も使用されてきた。」と述べるように、長年本モデルは理論だけでなく実務においても頻繁に使用されてきたのである。保険数理の世界では、将来損害を予想する際に、ポアソン分布を発生頻度モデルに、そして対数正規、ガンマやパレート分布を発生規模モデルとしてよく使う［海老崎（2009）］。

　直近の研究の中で、例えばPerera（2010）にあるように、オプション投資や保険リスクに直面する消費者の消費や保険戦略をマーチンゲール（Martingale）手法を適用し、レヴィ過程から導かれるモデル分析を行って

いる。Perera（2010）は、レヴィ過程から発展したモデルは、比較的大きな損害を伴うリスクに適用することができると提唱する。彼の研究は、多くの学者がマーチンゲール手法により保険リスクをモデル化しようと試みている事実により啓発されたものである。

マーチンゲール（Martingale）手法によるモデル化を提唱する Hogg and Klugman（1984）も同様に、典型的な右に裾野の長い分布、例えば、パレート分布（Pareto）、ガンマ分布（Γ：Gamma）、対数正規分布（Lognormal）、ワイブル分布（Weibull）などは賠償責任損害におけるリスク規模をあらわすモデルとして適切であると述べている。このように、リスクを伴うキャッシュフローをモデル化する際に、リスクをレヴィ過程または近似レヴィ過程にあてはめて行うことは過去の研究成果からよく行われることであった。

Mikosch（2009）によると、指数分布（Exponential）、ガンマ分布、ワイブル分布、切断正規分布（Truncated Normal）などは「小さな損害」のモデル化に適しており、対数正規分布、パレート分布、ブアー（Burr）分布、ワイブル分布、ベンクタンダー（Benktander）分布、対数ガンマ（Log-gamma）分布などは「大きな損害」モデル化に利用できると述べている。さらに Morales（2004）は、再保険価格決定における極値理論においてパレート分布が使用されていることから、レヴィ過程に基づいて、レヴィ測度（Lévy measure）が一般的パレート分布に比例するとする前提でリスクのモデル化を行っている。Andersen（2009）もまたレヴィ過程を使用して損害率のモデル化を行っている研究者の一人である。彼は、レヴィ測度として対数正規分布、ベンクタンダー分布、heavy-tail（「fat tail」ともいわれる。裾が厚い分布のこと）なワイブル、パレート、ブアー分布などをレヴィ測度として使用している。

一方、宮原（2003）は、レヴィ過程を適用し株価過程の定式化を試みている。宮原（2003）の研究によると、株価の動き（株価過程）を幾何レヴィ過程（geometric Lévy process）と仮定してモデル化を行っている。株価の動きをレヴィ過程で定式化する背景には、対数収益率が厳密には正規分布に従わず、保険リスクと同様な "heavy-tail" や "fat-tail" とよばれる裾が厚い分布に類似するという事実が出発点となっている。

本章では、実際の日本企業の製造物賠償責任事故歴のデータを基に、レ

ヴィ過程の1つである複合ポアソン型レヴィ過程を使ってリスクのモデル化を試みた。そして、複数の可能性の高いポアソン型レヴィ過程の中から、最もあてはまりの良いモデルを探求するためにデータ解析を試みる。上記にあげられている候補分布の中から、ガンマ分布、対数正規分布、パレート分布、ワイブル分布に加え、新たな試みとして逆ガウス（Inverse Gaussian）分布を検証に加えた5つの分布に注目し、モデル推定を行った。

第3節 データとモデル推定手法

(1) データと損害過程

　本研究に使用したデータは、米国に製品を輸出する某日本メーカー（匿名でA社とする）が1980年から20年間に被った製造物賠償責任に関わる損害額をモデルの基礎データとして使用した。本企業A社は1970年後半に米国市場に輸出を始めた製造メーカーで、1980年代に初めて製造物賠償責任に関わる損害を経験し、1990年代まで製造物賠償責任に関するクレームが多発、その後1990年代にはその年間累積損害額は高額ながらも平準化した。

　リスクモデルを推定する基礎データとして使用したのは、利用可能なデータのうち、損害数が平準化した比較的新しい5年間である。したがって、A社から入手したデータの1992年からの5年間の損害データを標本として採用した。92年から96年の損害標本データから例えば96年を標本として、その日次の累積損害を損害過程として図式化したのが図4-1である。各事故の損害金額は、発生時に見積もった予想支払い金額に諸費用とIBNR（Incurred But Not Reported Losses、発生しているが未報告の損害）を含めた。各損害を累積し、1年間を通してその累積損害額がたどる過程を確率過程としてモデル化する。

　インフレーションによる物価上昇を考慮したトレンド係数、リスク対象となる輸出高や売上げ高のエクスポージャ（Exposure、リスク対象のこと）の変化、支払いが数年にわたって行われる場合の損害発展係数などは分析の簡素化のために無視した。つまり、対象期間においては、それらの変動要素は大きな影響がないものと仮定した。表4-1では分析に使用した標本数353

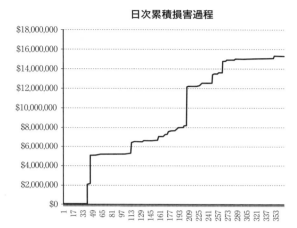

図 4-1　1996 年のデータに基づく標本過程

表 4-1　標本データの記述統計値

1992-1996 年データの記述統計	
平均値	$184,253
中央値	$48,923
標準偏差値	$420,611
分散	$176,913,794,600
尖度	31
歪度	5
最小値	$453
最大値	$4,042,056
総額	$65,041,454
標本数	353

の記述統計値を示した。

(2) リスクモデルの設定

　株価モデルは株価の推移をある確率過程に従うと想定し、その過程上での株価の上下（ジャンプ）が正であり負でもある。本分析で注目される累積損害過程は、ジャンプが正であるのみの加法過程（additive process）であり、

さらに表4-1の記述統計値の歪度S（>0）が示すように右裾が長い分布に注目する。右に裾野が長い分布は様々あるが、その中から損害分布として使用される代表的な逆ガウス分布、対数正規分布、ガンマ分布、パレート分布、そしてワイブル分布の5つに注目する。これらの分布はHogg and Klugman (1984)が損害分布として適切であるとする主な分布群である。本章では上記の標本損害過程から次の5つのモデルのパラメータを導き出し、そのあてはまりの良さを含めて検証した。

① レヴィ測度が**逆ガウス分布**の発生パターンを示す**逆ガウス型複合ポアソン過程**
② レヴィ測度が**ガンマ分布**の発生パターンを示す**ガンマ型複合ポアソン過程**
③ レヴィ測度が**対数正規分布**の発生パターンを示す**対数正規型複合ポアソン過程**
④ レヴィ測度が**パレート分布**の発生パターンを示す**パレート型複合ポアソン過程**
⑤ レヴィ測度が**ワイブル分布**の発生パターンを示す**ワイブル型複合ポアソン過程**

ここでレヴィ過程 $\{Z_t\}$ が複合ポアソン過程であるとは、$(0, \nu(dx), b_0)$, $\nu(dx)=c\rho(dx)$ なる生成要素をもつ場合をいう。ただし、c は正の定数であり、$\rho(dx)$ は過程 $\Re$ 上の確率測度で、$\rho(\{0\})=0$ であるとする。さらに、c は確率過程におけるジャンプ（本分析の場合は損害が発生したときにジャンプが起こると考える）の起こる頻度を示すパラメータである。$\rho(dx)$ はジャンプが起こった場合の「ジャンプ幅（損害規模）」の確率分布である。

以下、これらのモデルについて簡単な説明を行う。

①逆ガウス型複合ポアソン過程

逆ガウス（Inverse Gaussian）型複合ポアソン過程とは、過程 $\Re$ 上の確率分布 ρ が逆ガウス分布に従うことをいう。このとき、

$$\rho(B) = \frac{\alpha}{\sqrt{2\pi}} \exp(\alpha\beta) \int_B x^{-\frac{3}{2}} \exp\left[-\frac{1}{2}(\alpha^2 x^{-1} + \beta^2 x)\right] 1_{\{x>0\}} dx$$

である。ただし、$\alpha, \beta > 0$ である。また、逆ガウス分布の特性関数 $\hat{\rho}(u)$ は以下で示される。

$$\hat{\rho}(u) = \exp\left[-\alpha\left(\sqrt{-2iu + \beta^2} - \beta\right)\right]$$

したがって、レヴィ過程 $\{Z_t\}$ が逆ガウス分布型の複合ポアソン過程であるとき、レヴィ測度は、

$$\nu(dx) = c\frac{\alpha}{\sqrt{2\pi}} \exp(\alpha\beta) x^{-\frac{3}{2}} \exp\left[-\frac{1}{2}(\alpha^2 x^{-1} + \beta^2 x)\right] 1_{\{x>0\}} dx$$

なる生成要素をもつ。

②ガンマ型複合ポアソン過程

ガンマ型複合ポアソン過程とは、過程 $\Re$ 上の確率分布 ρ が Γ（ガンマ）分布に従うことをいう。このとき、

$$\rho(B) = \frac{\alpha^\beta}{\Gamma(\beta)} \int_B x^{\beta-1} \exp(-x\alpha) 1_{\{x>0\}} dx$$

である。$\alpha, \beta > 0$.

また、ガンマ（Γ）分布の特性関数 $\hat{\rho}(u)$ は、以下のようになる。

$$\hat{\rho}(u) = (1 - i\alpha^{-1}u)^{-\beta}$$

したがって、$\{Z_t\}$ がガンマ分布型の複合ポアソン過程であるとき、レヴィ測度は、

$$\nu(dx) = \frac{c\alpha^\beta}{\Gamma(\beta)} x^{\beta-1} \exp(-x\alpha) 1_{\{x>0\}} dx$$

なる生成要素をもつ.

③対数正規型複合ポアソン過程
対数正規型複合ポアソン過程とは、過程 $\Re$ 上の確率分布 ρ が対数正規分布に従うことをいう。このとき、

$$\rho(B) = \frac{1}{\sqrt{2\pi\nu}} \int_B \frac{\exp\left[-(\log x - m)^2/2\nu\right]}{x} 1_{\{x>0\}}\, dx, \ \nu > 0$$

である場合をいう。このとき、$\log(X) \sim N(m, \nu)$ である。

レヴィ過程が対数正規分布型の複合ポアソンであるとき、レヴィ測度は、

$$\nu(dx) = \frac{c}{\sqrt{2\pi\nu}x} \exp\left[-\frac{(\log x - m)^2}{2\nu}\right] 1_{\{x>0\}}\, dx$$

なる生成要素をもつ。

④パレート型複合ポアソン過程
パレート型複合ポアソン過程とは、過程 $\Re$ 上の確率分布 ρ がパレート分布に従うことをいう。このとき、

$$\rho(B) = \int_B \frac{\alpha \beta^\alpha}{x^{\alpha+1}} 1_{\{x>\beta\}}\, dx, \ \alpha, \beta > 0$$

である場合をいう。

レヴィ過程 $\{Z_t\}$ がパレート型の複合ポアソン過程であるとき、レヴィ測度は、

$$\nu(dx) = c\, \frac{\alpha \beta^\alpha}{x^{\alpha+1}} 1_{\{x>0\}}\, dx$$

なる生成要素をもつ。

⑤ワイブル型複合ポアソン過程

ワイブル型複合ポアソン過程とは、過程 $\mathfrak{R}$ 上の確率分布 ρ がワイブル分布に従うことをいう。このとき、

$$\rho(B) = \int_B \frac{\alpha x^{\alpha-1}}{\beta^\alpha} \exp\left[-\left(\frac{x}{\beta}\right)^\alpha\right] 1_{\{x>0\}} dx, \ \alpha, \beta > 0$$

である場合をいう。

レヴィ過程 $\{Z_t\}$ がワイブル分布型の複合ポアソン過程であるとき、レヴィ測度は、

$$\nu(dx) = c \frac{\alpha x^{\alpha-1}}{\beta^\alpha} \exp\left[-\left(\frac{x}{\beta}\right)^\alpha\right] 1_{\{x>0\}} dx$$

なる生成要素をもつ。

(3) パラメータ推定法

分布のパラメータ推定法として最も代表的なものに最尤法(Maximum Likelihood Estimation)がある。しかし、宮原(2003)によると、他の推定法としてモーメント法(積率法)を適用することが考えられると論じている。モーメント法には古典的モーメント法と一般的モーメント法があるが、分布がモーメントを持たない場合には古典的モーメント法は使えない。古典的モーメント法の詳細については宮原(2003)を参照されたい。

我々が注目する分布は古典的モーメント法を使用できる分布群であるので、初めに古典的モーメント法を使って、標本データから標本モーメント値を入手し、理論的なモーメント値が一致するパラメータを推測する手法をとる。つまり、古典的モーメント法によりパラメータ、α, β, c、または m, ν, c の推定を行う。次に、この手法で得たパラメータを初期値として使用し、計算ソフト(*Mathworks* 社の *MATLAB* を使用)により数値解析的に最尤法を使ってモデルの最適パラメータの推定を以下の手順で行った。

1 古典的モーメント法により Z のパラメータ値を推定する。
2 そこで得られた強度 c の推定値が 1 よりも十分に小さければ、ジャンプ幅(損害規模)の分布とジャンプが起こるまでの時間(発生頻度)

の分布を分けて推定する。ただし、初期値は古典的モーメント法により得られた値を使うこととする。
3 強度 c の推定値が１よりも大きいのであれば、古典的モーメント法により推定されたパラメータの値を推定値として採用する。

また、損害規模（ジャンプ幅）分布と次の損害が起こるまでの時間（発生タイミング）の分布のパラメータの推定は、それぞれ最尤法（MLE）に基づいて数値解析的に行う。すなわち、分布の密度関数 $f(x)$ に対して

$$\max_\theta \sum \log \int (x_i; \theta)$$

を満たす分布のパラメータ θ を数値解析的に求めることで推定を行った。

①古典的モーメント法によるパラメータ推定

ここでは古典的モーメント法を用いた確率変数 Z の分布のパラメータ推定法を説明する。Z_1 の特性関数 $\phi(u)$ は以下で示される。

$$\phi(u) = \exp[\psi(u)]$$
$$\psi(u) = ib_0 u + c[\hat{\rho}(u) - 1]$$
$$\hat{\rho}(u) = \int_{-\infty}^{\infty} e^{iux} \rho(dx)$$
$$i = \sqrt{-1}$$

Z は任意の次数のモーメントをもっているとする。分布の k 次のモーメントを m_k、ただし $k=1, 2, 3...$ とおく。$m_k = E(Z^k)$ とおくと、m_k は分布パラメータの関数である。確率変数に対応する n 個の標本データ $\xi_1, \ldots \xi_n$ が得られたとき、k 次の標本モーメントを $\hat{m}_k$ とし、

$$\hat{m}_k = \frac{1}{n} \sum_{j=1}^{n} \xi_j^k$$

である。

本分析で推定すべきパラメータは、c, α, β の３つである。これらのパラメータを古典的モーメント法で考えるとき、例えば逆ガウス分布の場合、以下の古典的モーメント方程式を得る。

$$\psi^{(1)}(0) = \frac{\alpha}{\beta}ic = i\hat{h}_1$$

$$\psi^{(2)}(0) = -\frac{\alpha}{\beta}\left(\alpha + \frac{1}{\beta}\right)c = -\hat{h}_2$$

$$\psi^{(3)}(0) = -\frac{\alpha}{\beta}\left(\alpha^2 + 3\frac{\alpha}{\beta} + \frac{3}{\beta^2}\right)ic = -i\hat{h}_3$$

ただし、古典的モーメント推定法においての計算はすべて以下を満たすとした。

$$\hat{h}_1 = \hat{m}_1$$
$$\hat{h}_2 = \hat{m}_2 - \hat{m}_1^2$$
$$\hat{h}_3 = \hat{m}_3 - 3\hat{m}_2\hat{m}_1 + 2\hat{m}_1^3$$
$$\hat{m}_k = \frac{1}{n}\sum_{j=1}^{n}\xi_j^k, k = 1,2,3$$
$$\xi_j = Z_j - Z_{j-1}, j = 1,2,3\ldots\ldots n$$

したがって、ジャンプ幅が逆ガウス分布に従うとした場合、

$$\phi(u) = \exp[\psi(u)]$$
$$\psi(u) = c\left\{\exp\left[-\alpha\left(\sqrt{-2iu + \beta^2} - \beta\right)\right] - 1\right\}$$

である。よって、古典的モーメント法により推定される α, β, c は以下の式により求められる。

$$\alpha = \hat{h}_1\frac{\beta}{\alpha}$$
$$\beta = \sqrt{\frac{2}{-\hat{h}_2/\hat{h}_1 \pm \sqrt{-3(\hat{h}_2/\hat{h}_1)^2 + 4\hat{h}_3/\hat{h}_1}}}$$
$$c = \frac{\hat{h}_1^2}{\hat{h}_2 - \hat{h}_1/\beta}$$

ただし、$\alpha, \beta, c > 0$。

ジャンプ幅がガンマ分布に従うとした場合、

$$\psi(u) = c\left[\left(1 - \frac{iu}{\alpha}\right)^{-\beta} - 1\right]$$

よって、古典的モーメント法により α, β, c は以下の式により推定される。

$$\alpha = \frac{-\hat{h}_1 \hat{h}_2}{\hat{h}_2^2 - \hat{h}_1 \hat{h}_3}$$

$$\beta = \frac{-\hat{h}_2^2}{\hat{h}_2^2 - \hat{h}_1 \hat{h}_3} - 1$$

$$c = \frac{\hat{h}_1^2 \hat{h}_2}{2\hat{h}_2^2 - \hat{h}_1 \hat{h}_3}$$

ただし、$\alpha, \beta, c > 0$。

ジャンプ幅が対数正規分布に従うとした場合、対数正規分布の k 次モーメントは以下の式を満たす。

$$m_k = \exp\left(km + \frac{1}{2}k^2\nu\right)$$

また、

$$\psi^{(1)}(0) = c\hat{\rho}^{(1)}(0) = icm_1$$
$$\psi^{(2)}(0) = c\hat{\rho}^{(2)}(0) = -cm_2$$
$$\psi^{(3)}(0) = c\hat{\rho}^{(3)}(0) = -icm_3$$

であるので、対数正規分布の場合のパラメータ m, ν, c は以下の式から導き出される。

$$m = \log(\hat{h}_2/\hat{h}_1) - \frac{3}{2}\hat{\nu}$$

$$\nu = \log\frac{\hat{h}_1 \hat{h}_3}{\hat{h}_2^2}$$

$$c = \exp\left[\log(\hat{h}_1)\left(\hat{m} + \frac{1}{2}\hat{\nu}\right)\right]$$

ジャンプ幅がパレート分布に従うとした場合、パレート分布の k 次モーメントは以下の式を満たす。

$$m = \frac{\alpha\beta^k}{\alpha - k}$$
$$k < \alpha$$

したがって、パレート分布の場合のパラメータ α, β, c は以下の式から導き出される。

$$\alpha = 2 \pm \frac{\sqrt{A^2 - A}}{A - 1}, \quad A = \frac{\hat{h}_1 \hat{h}_3}{\hat{h}_2^2}$$

$$\beta = \frac{\hat{h}_2}{\hat{h}_1} \frac{\alpha - 2}{\alpha - 1}$$

$$c = \hat{h}_1 \frac{\alpha - 1}{\alpha \beta}$$

ジャンプ幅がワイブル分布に従うとした場合、ワイブル分布の k 次モーメントは以下の式を満たす。

$$m_k = \beta^k \, \Gamma\left(1 + \frac{k}{\alpha}\right)$$

ワイブル分布の場合のパラメータ α, β, c は以下の式から推定される。

$$\alpha \in \left[\alpha \in \Re^+ \left| \frac{\hat{h}_3}{\hat{h}_1} \frac{\Gamma(1 + 1/\alpha)}{\Gamma(1 + 3/\alpha)} - \left(\frac{\hat{h}_2}{\hat{h}_1}\right)^2 \left(\frac{\Gamma(1 + 1/\alpha)}{\Gamma(1 + 2/\alpha)}\right)^2 = 0\right.\right]$$

$$\beta = \pm \sqrt{\frac{\hat{h}_3}{\hat{h}_1} \frac{\Gamma(1 + 1/\alpha)}{\Gamma(1 + 3/\alpha)}}$$

$$c = \frac{\hat{h}_1}{\beta \Gamma(1 + 1/\alpha)}$$

上記 α は解析的に推定するのは複雑であるので、数値解析的に推定を行うこととした。

②損害発生と規模の独立性の検証（カイ二乗検定）

通常、累積損害過程を複合ポアソン過程モデルで捉えた場合、「損害規模（ジャンプ幅）の分布」と「損害発生のタイミング（次のジャンプが起こるまでの待ち時間）」は互いに独立の事象であることを前提条件としている。しかし、本章ではこれらの事象の独立性をデータに基づいて検証することで、複合ポアソン過程でモデル化して問題ないことを確認した。通常、損害保険に関連したリスクは、損害頻度と損害規模の間には相関関係がない、つまり「互いに独立である」と仮定することに問題はないかと考えられる。あえて本仮説が標本データにより棄却されないことを検証するため、カイ二乗仮説検定を行った。この仮説検定では、帰無仮説として「これらの事象は独

立である」とし、対立仮説として「これらの事象は独立でなく、何らかの関係性がある」とした。

③最適モデルの選択法と適合度検証

これまで述べたように、古典的モーメント法で解析的に得られたパラメータを初期値として使用し、計算ソフト（*Mathworks* 社の *MATLAB* を使用）により数値解析的に最尤法を使ってモデルの最適なパラメータの推定を行う。本手法により定式化された5つのモデルが、実際のデータ値と適合するかどうかの検定を行う。この検定では、損害規模（過程においてのジャンプ幅）が実際の損害規模データと適合しているかについて、コルモゴロフ・スミルノフ検定（Kolmogorov-Smirnov test）によりモデルの相違を有意水準 $\alpha = 5\%$ で検証した。ここでの対立仮説は、「導かれたモデルの確率分布が実際のデータ分布と違う」とし、$\alpha = 5\%$ 有意水準において検定結果を検証した。

次に、定式化された5つのモデルから最適なモデルを選択する検証を行う。このモデル選択の基準としたのは、赤池［Akaike（1973）］の赤池情報量基準「*AIC*（Akaike Information Criterion）」である。最尤法であてはめられたモデルが複数あるときにその中で最適な1つを選択する基準としてよく使用されるのが、赤池情報量基準（*AIC*）である。

つまり、

$$AIC = -2 \times (モデルの最大対数尤度) + 2 \times (モデルの自由パラメータ数)$$

がモデル選択の基準となる。この *AIC* 値を最少とするモデルが最適なモデルと考えられるとする［坂元・石黒・北川（1982）］。

最後に、*AIC* 以外の他のモデル間の比較検証として、*Palidade* 社の分析ソフトウェア@Risk の「分布適合度機能（distribution fitting）」を使って検証を行った。本機能は、複数の分布の中から、実際のデータ分布との適合が良い分布を、カイ二乗検定やその他の検定法でランクづけする機能である。今回はこの機能を利用し、実際のデータから適切なモデルとみなされるモデルのカイ二乗値からランクづけを行い、上記 *AIC* を使った最適モデルとの整合性も行った。

第4節 モデル推定と検定結果

(1) 損害頻度と損害規模の独立性(カイ二乗)検定

表 4-2 は縦の項目欄に損害規模の分類を行い、その発生頻度(この場合ジャンプが発生する待ち時間)との分割表を表示したものである。

表 4-2 損害規模と発生頻度(待ち時間)の分割表

損害規模 X(単位:$100,000)	2日以下	2〜4日	4〜6日	6日以上
0.00<X<or=0.2	26.29	15.58	10.47	21.66
0.2<X<or=0.6	28.07	16.63	11.17	23.13
0.6<X<or=1.0	14.57	8.63	5.80	12.00
1.0<X	39.08	23.16	15.56	32.20

ここでは、独立性の検証としてカイ二乗検定を行い実際のデータに基づき問題ないかを確認した。標本データによると5年分の日次データを用いたが、そのうち観測された損害件数は304日であり、1年間で約60日、およそ6日に1回の割合で損害が発生していたことになる。そこで損害が発生するまでの待ち時間の階級幅として6日を基準として選択した。この場合期待度数が5を下回る観測が多く見られた。

さて、上記検定の結果、カイ二乗統計量は3.79となり、有意度5%における棄却値は16.92であった。3.79<16.92であるので、対立仮説は棄却(帰無仮説は採択)される。よって、「損害規模の分布と発生頻度の分布は独立である」という帰無仮説は棄却されなかった。この結果を受けて、対象とするデータのモデル化において、損害頻度と損害規模が独立と仮定した複合ポアソン過程とすることが統計的データから妥当であると結論づけられた。

(2) パラメータ推定結果

第3節の方法論で述べたとおり、以下のプロセスでパラメータ推定を行った結果が表 4-3 である。表 4-3 では5つの各モデルの古典的モーメント法(CMM:Classical Method of Moment)によるパラメータ推定値、そしてそ

表 4-3 古典的モーメント法と最尤法によるパラメータ推定結果

逆ガウス型複合ポアソン過程		α	β	c	損害規模分布の AIC	P 値
	CMM	3.4574	0.3931	0.0405		
	MLE	0.3868	0.1808	0.2005	930.982	0.4167
ガンマ型複合ポアソン過程		α	β	c		
	CMM	0.0984	0.1157	0.3027		
	MLE	0.2256	0.4826	0.2005	926.564	0.0221
対数正規型複合ポアソン過程		m	ν	c		
	CMM	1.4683	0.6400	0.0595		
	MLE	(0.567)	2.9082	0.2006	849.093	0.5588
パレート型複合ポアソン過程		α	β	c		
	CMM	3.4574	6.7188	0.0376		
	MLE	0.2502	0.0104	0.2005	1586.940	0.0184
ワイブル型複合ポアソン過程		α	β	c		
	CMM	NA	NA	NA		
	MLE	0.6086	1.3321	0.2006	886.124	0.1766

注：CMM は「古典的モーメント法」による推定値、MLE は「最尤法」による推定値。

の CMM 推定量を初期値として数値解析的に最尤法（MLE：Maximum Likelihood Estimation）で求めたパラメータ推定値を示した。さらに、規模分布に関する AIC、コルモゴロフ・スミルノフ検定の P 値も示した。

ワイブル型複合ポアソン過程においては、古典的モーメント法（CMM：Classical Method of Moment）によるパラメータを推定することが困難であったので、他のモデル推定で得た値を初期値として使用し、最尤法により数値解析的に求めた。

ワイブル型モデル以外での古典的モーメント法により得られた発生頻度を示すパラメータ、強度 c の推定値は 0.037 から 0.059 と 1 よりもかなり低い値を得た。独立検証でも頻度と規模が独立であると想定できる結果を得たので、規模（ジャンプ幅）の分布と頻度（ジャンプが起こるまでの時間）の分布を分けて推定を再度行った。頻度の分布を規模の分布と分けて推定し直すことで、強度 c はより精密な推定値を得ることが可能になる。再推定により、最尤法（MLE）で数値解析的に推定された強度 c は 0.2005 となった。

本分析においては、モデル選択の基準として、損害規模（ジャンプ幅）の

分布に対する AIC を用いることとしたのであるが、実際、対象としている損害発生のモデルは、損害規模（ジャンプ幅）の分布と損害発生（ジャンプの起こるまでの時間）頻度に関する分布を独立事象であることが前提である。したがって、ジャンプが起こるまでの時間の分布はモデル間に共通のものと考え、モデルのあてはまりの良し悪しの違いは、損害規模（ジャンプ幅）の分布に対するあてはまりの良し悪しにあらわれてくると考えた。

表4-3でパラメータ推定値とともに示したのは、損害規模分布の AIC 値である。赤池情報量基準 AIC によると、AIC 値が低い方がモデルとしてあてはまりが良いことになる。ジャンプ幅つまり損害規模モデルの AIC によって判断すると、対数正規型がその AIC 値が最も低く（AIC＝約849）、したがって最も適合度が高いと判断され、次にワイブル型（AIC＝約886）、ガンマ型（AIC＝約926）と続く結果が得られた。

(3) コルモゴロフ・スミルノフ検定（K–S 検定）

各モデルの適合度を検証するために、コルモゴロフ・スミルノフ検定を行った。ただし、Z の分布関数から理論度数を計算するのは容易ではないので、ここでは1万個の標本データをランダムに生成させ、その結果から理論度数を推計することを行った。

検定を行った結果、対数正規分布型の複合ポアソン過程が一番良く、その P 値は 0.5588（>0.05）であった。対数正規型のモデルは、有意水準5％においては、「モデル分布と実際のデータ分布は異なった分布である」との対立仮説は棄却される。また、5％の有意水準でみると逆ガウス（IG）型（P 値 ＝ 0.4167＞0.05）とワイブル型（P 値 ＝ 0.1766＞0.05）も上記対立仮説は棄却される。したがって、対数正規型、逆ガウス型、ワイブル型はモデルとして使用可能であると判断される。

それら以外のモデルの値をみると、ガンマ型（P 値 ＝ 0.0221＜0.05））とパレート型（P 値 ＝ 0.0184＜0.05）となり、帰無仮説が棄却され、対立仮説「モデル分布と実際のデータ分布は異なった分布である」が受容される。よって、モデルとして使用することが適切でないと判断される。

AIC 基準による対数正規型とワイブル型の次にあてはまり良く、逆ガウス型よりも良いと判断されるガンマ型はこの K–S 検定結果から「モデルと

して適切でない」と判断された。

上述の分析結果から判断されることは、損害規模の分布の形状が、変数 x が 0 に近くなるほど密度関数の値が大きくなっている分布であるガンマ分布、パレート分布の場合には損害規模（ジャンプ幅）の分布のあてはまりがたとえ良くても、損害発生のモデルとしては適切ではない可能性が高いと考えられる。逆に、x が 0 に近いところでは密度関数の値が小さくなっている分布の場合、例えば逆ガウス型、対数正規型のような分布は損害発生モデルの候補として適合度が高いとの結論が導き出された。

AIC の基準と K-S 検定を総合して考えると、今回入手した製造物賠償責任データでは対数正規タイプ複合ポアソン過程がリスクモデルとして最適であるとの結論が導かれた。

(4) @Risk による分布適合度機能によるモデル比較

パリセード（*Palisade*）社の分析ソフト @Risk はマイクロソフト社のエクセルのアドインソフトで、その機能の 1 つに分布適合度機能（Distribution Fitting）がある。それは標本データに対して適合度が高い分布を候補としてあげ、例えばカイ二乗統計量などの基準となる統計量に基づいて分布適合度をランクづけする機能がある。今回、この分布適合度機能を用いて、損害規模に関するデータの分布適合度機能（Distribution Fitting）を行った。

カイ二乗統計量を基準として行った結果、適合度のランクでは、対数正規分布が一番にランクづけされ、そのカイ二乗統計量は 19.30 であった。次に上位にランクづけされたのは逆ガウス分布で、そのカイ二乗統計量は 26.19 であった。そしてワイブル分布のカイ二乗統計量 = 188.95 が逆ガウス分布に続くとの結果が得られた。したがって、本機能による適合度検証でも対数正規型が最もあてはまりが良いとの結果が得られた。

第 5 節　結論

本章では、A 社の製造物賠償責任損害のデータを用い、その累積損害がレヴィ過程（Lévy process）の 1 つである複合ポアソン過程に従うとして、A 社の製造物賠償責任リスクのモデル化を試みた。特に我々は損害分布と

して適合度が高いと考えられている5つの分布に注目しそのモデル化を行った。

本研究で注目したのは次の5つのレヴィ過程、複合ポアソン過程モデルである。その5つのモデルとは、①レヴィ測度が逆ガウス分布発生パターンを示す逆ガウス型複合ポアソン過程モデル；②レヴィ測度がガンマ分布発生パターンを示すガンマ型複合ポアソン過程モデル；③レヴィ測度が対数正規分布発生パターンを示す対数正規型複合ポアソン過程モデル；④レヴィ測度がパレート分布の発生パターンを示すパレート型複合ポアソン過程モデル；⑤レヴィ測度がワイブル分布の発生パターンを示すワイブル型複合ポアソン過程モデルの5つである。

パラメータ推定法としては、古典的モーメント法によって解析的に求めたパラメータを初期値として用い、最尤法により数値解析的にパラメータ推定を行った。パラメータ推定後には、各モデルのデータとの適合度をコルモゴロフ・スミルノフ検定により検証し、AIC（赤池情報量基準）によりデータとの適合度が高いモデルを見つけ出そうと試みた。また、モデル分析ソフト@ Risk の機能の1つである分布適合度機能（Distribution Fitting）により損害規模分布について再度検証を行った。

本研究の分析結果として、上記5つのモデルの中では対数正規型複合ポアソン過程がデータとのあてはまりが良く、適合度が最も良いとの結果を得た。

時系列のデータが開示され豊富に存在する株価モデルの実証分析とは違って、企業が抱える損害リスクに関するデータはほとんど公的に存在しないのが実情である。また、企業内でデータが存在したとしても外部に開示されることはごく稀である。さらに、企業の損害リスクは企業間で異なり、モデルの一般化が難しい。今回は研究目的ということでデータの提供を受け、モデル分析に限定して現実のデータを基に分析した。A社のデータで得たモデル分析結果が、他社も同じ結果になるといった汎用性に乏しいという厳しい指摘もあろう。しかし、学術論文やリスク分析に関する書籍で推奨されている損害モデルの現実への応用という点において、さらにそれらのモデルが現実に即して利用できるかの検証という意味で、実際のデータを使ってモデル検証した本研究は学術界にわずかながらも貢献できたのではないかと考える。

第5章
キャプティブと日本企業

第1節　キャプティブの論点

　本書第5章から第8章にかけて、日本企業のリスクファイナンスと企業の価値経営についての議論を展開する。本章以降3章にわたって特に注目したのはリスクファイナンスの代表的手法である「キャプティブ」である。研究論題は、「キャプティブにより日本企業は価値を創造しているのであろうか？」という重要なテーマである。本論題は現代ファイナンスにおける経営の価値創造とリスクマネジメントによる価値創造といった大きな研究問題に対する1つの解答を与えるものと考える。さて、日本企業の経営者にとってリスクファイナンスが価値創造につながるのであろうか？

　第5章ではキャプティブを日本企業の立場から議論し、その利点と設立における問題点を考察する。第6章では、日本企業がキャプティブにより価値を創造するかどうかの研究課題を、ヨーロッパの3つのドミサイルで設立したという想定で、割引現在価値法（DCF法）により数値を用いて分析し議論する。さらに第7章では、日本企業においてキャプティブが株主価値を創造しているかどうかの研究論点を、日本企業に評判が高いハワイ、バミューダ、ガーンジーの3つのドミサイルで設立したという想定で、モンテカルロシミュレーション法を使い分析を行うことで考察した。

第2節　キャプティブの潮流

　2013年3月11日のBusiness Insurance誌のSpecial Report, "Captive Grows as Economy Recovers"の記事によると、世界には2012年末において6052ものキャプティブが存在するとある。その数は勢いよく伸びており、キャプティブの設立地間でキャプティブの激しい誘致合戦を繰りひろげている。米国の主要企業の40％以上、またフォーチュン500社あるいはS＆P500社の約80％がキャプティブを保有・管理していると報告されている。

　キャプティブを設立する場所をドミサイル（Domicile）とよぶが、上記Business Insurance誌（2013）で公表されたドミサイル世界ランキングでは、キャプティブ数がトップのバミューダで856社、次にケイマン諸島の741社、米国バーモント州586社、英領ガーンジー333社、アンギラ291社、米国ユタ州28社、バルバドス261社、ルクセンブルグ238社と続く。現在世界には59カ所（英国領または米国州を数に含む）でキャプティブ法が制定され、キャプティブの誘致を行っている。

　図5-1には過去7年間のキャプティブ数の推移を示している。この表が示すように、直近7年で、年間100から200社の新規のキャプティブが設立さ

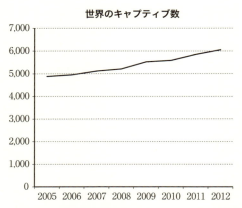

図5-1　世界におけるキャプティブ数の推移
出所：Business Insurance（2013）

れているのが分かる。

第3節　キャプティブの定義とスキーム

International Risk Management Institute（2013）はキャプティブを次のように定義している。

> キャプティブとは親会社またはその子会社のリスクなど特定のリスクを保険としてカバーするために設立され、親会社により所有され管理される、未公開の特定目的会社である。その被保険者はキャプティブの恩恵者と同じである。株主であり被保険者でもある親会社は、リスクの保有、運用、投資について積極的に関わる。

つまり、キャプティブは一般的に保険会社がビジネスとして利益を追求するために多数の第三者のリスクを引受けるのとは違い、一般事業者およびそのグループ会社または子会社のリスクを引受けることを主な目的に設立される事業者(またはそのグループ)所有の保険会社といえよう。このようにキャプティブは、保険による完全な第三者へのリスク移転とは異なり、基本的にはリスク自体は企業グループの外部に移転されない。これを「自家保険」と一般によぶが、リスクを自ら背負うスキームであり、通常の保険の仕組みを利用したリスクファイナンスの1つであると考えられる。

図5-2は典型的な日本企業のキャプティブの仕組みであり、日本で認可された保険会社を通して保険料をキャプティブに再保険として流すので「再保険キャプティブ」とよばれるキャプティブのスキームである。

第4節　キャプティブ設立による被保険者である企業の利点

Lenrow et al.（1982）やその他の研究者によると、キャプティブを自社の保険子会社として設立することによる企業の利点は以下の6つあると指摘する。

(1) 保険は事故の発生から保険金支払いまでに時間差がある。例えば賠償

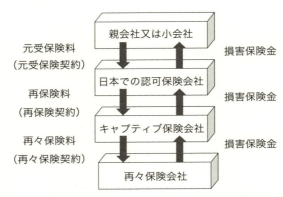

図5-2 再保険キャプティブの仕組み（日本企業の場合）

事故などは事故が発生してから賠償額が確定し、支払いが完了するまで数年が経過する場合もある。事故発生時に、保険会社は将来の支払いに備えての備金を負債として計上し積み立てるのであるが、その間備金の短期投資、運用による利益を享受することができる。企業としては、この備金からの運用益を第三者の保険会社が享受するのではなく、自社（または自社グループ）内で享受したいと考える。特に、毎年の保険料が高額で、保険金支払いを上回っているときはなおさらそう考えるであろう。企業はキャプティブを通じて、その運用の恩恵を受けることができる。

(2) キャプティブは保険を使わない自家保険（例えば保険料を減らすために高額免責を設定することにより免責部分が自家保険にあたる）である。事故発生以前に免責部分の支払いをキャプティブへの保険料として費用計上できることは、企業に節税の繰り上げ効果をもたらし、したがって、免責設定によるキャプティブなしの自家保険よりも大きな現在価値をもたらす（第6章にケーススタディの結果を参照のこと）。

(3) キャプティブは通常保険証券について規制が緩やかな地域に設立されるので、なかなか一般の保険市場では得られない保険カバーやテイラー

メードな保険、例えば、環境汚染、生産物賠償責任、知的財産侵害などによる賠償責任保険、役員賠償、商品の延長保証などの独自のリスクに合わせた保険を開発することができる。また、保険の担保範囲を広げたり保険料を抑えたりすることも可能である。さらに、従業員、納入業者、関連会社などの保険に関する分野でのキャプティブを利用することで、保険をビジネス展開することができる。ただし、日本では海外付保規制があり、新たな保険の開発には元受の段階で政府の認可が必要である。

(4) 企業は、キャプティブを通して再保険市場へのアプローチができる。再保険市場とは、元受の保険会社が大きなリスクの移転先として利用する保険市場のことである。言い換えれば、再保険市場は保険の卸売市場といっていい。この再保険市場は、規制が比較的緩やかであること、発生頻度が低いが巨大なリスクを引受けること、その運営費が低いなどの理由から、非常に効率良く保険経営が行われており、リスク移転コストが安い。また、世界のリスク情報が再保険市場（または再保険会社）には集約されている。したがって、企業はキャプティブを通じて再保険市場へアクセスできるので、効率的な保険を購入でき、最先端のリスク移転法や世界のリスク情報を入手できるのである。

(5) 多くの元受保険会社（特に損害保険会社）は株式会社であり、株主への利益の最大化を目的とする。企業が支払う保険料には、リスクに対する純粋コストに経費などの付加保険料と保険会社の利益の上乗せが追加されていると考えられる。キャプティブによりこの利益分のコストが被保険者である企業内に留保され、さらにキャプティブの営業コストを下げれば、トータル・コスト・オブ・リスク（「TCOR」または「Total Cost of Risk」とよばれる）の軽減が図られる。

　例えば図5-3は、2001年度から2009年度までの日本の損害保険市場と米国の損害保険市場のコンバインド・レシオ（Combined Ratio＝Loss Ratio＋Expense Ratio）の推移の比較図である。コンバインド・レシオは損害率と事業費率の和であらわされており、リスクに対するコスト、つまり「コスト・オブ・リスク（cost of risk）」の指標を与え

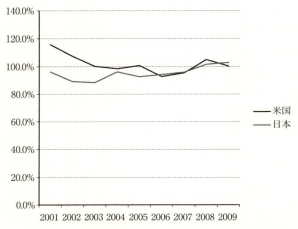

図 5-3　日本と米国のコンバインド・レシオの推移

出典：*The Insurance Fact Book 2011* by Insurance Information Institute と保険研究所の『損害保険統計号』のデータを基に筆者作成

るものである。例えば、コンバインド・レシオが100％を超えると保険会社は保険事業では利益を得ていない状態であると考えられる。その場合投資益は計算に含まれていないので、保険会社は備金の運用益によって利益を得ている可能性が高い。運用益頼りなので、これらの保険会社を"Cash Flow Underwriters"とよんでいる。

逆に100％を下回ると保険事業における利益と運用益の両方が保険会社の懐に入っていることを意味する。図5-3は、この9年間において、米国の保険市場が2004年、2006年、2007年度の3年間以外は保険事業による利益がマイナスな状態であったことを示している。一方、日本は2008年、2009年度は保険収益がマイナスであったが、それ以外ではプラスである。このグラフはリスクに対するコストが米国より日本の方が平均して高いことを示している。

もし、この図が示すように市場間でリスクに対するコスト差が存在するのであれば、キャプティブにより裁定取引機会（Arbitrage Opportunity）が与えられるであろう。つまり、キャプティブがこの価格差を取り込むのである。

(6) キャプティブは機能的には自家保険と同じであるので、損害支払いを自ら下げようとするリスクコントロールの動機づけがなされるはずである。なぜなら損害支払いの減少はキャプティブへの備金の増加につながり、将来のリスクへの備えが増す。また、リスクコントロール努力の恩恵を、例えば配当を与えたり、保険料を軽減したりして、自社または子会社に還元することもできる。よって、損害減がさらなるリスクコントロールをもたらすといった好循環が期待されるのである。良好な損害歴は自らのリスクコストの軽減につながるのである。

さらに我々は上記6つのメリットにとどまらず、以下の利点もキャプティブ設立によりもたらされると考える。

(1) キャプティブを通じ、国際企業の日本でのリスクマネジメントの活動と海外の活動が統合され、効率化をもたらす。キャプティブの運営を行うことで、今まで保険会社任せであり保険手配のみのリスクマネジメントを、自主的にかつ専門的に行うリスクマネジメント機能へ変化させることが必要となる。キャプティブは、過去の損害歴、保険情報、リスクコストなどのデータを保険会社と同等のレベルまで集約し管理することを、全社ベースで統合して行う機能を果たさなければならない。なぜなら事故データの詳細を自ら管理し分析できることがキャプティブの成功につながるからである。例えば、事故の詳細を把握することで有効な事故防止策を実施できるし、また製品事故なら製品の欠陥がどこにあるかを突き止めることで品質向上や製造プロセスの改善などにつなげられるのである。保険の問題だけにとどまらずビジネスソリューションとしてもデータを活用すべきであろう。特に日本企業はこの点でまだ欧米の企業に後れをとっているように思われる。

(2) キャプティブにおいて、将来の予想できないリスクに対する緊急準備金を無税で積み立てることができる。上述したように、組織全体でリスクコントロールが有効に働けば損害支払いコストを削減できることが期待でき、さらなる備金を積み立てることが期待できよう。キャプ

ティブの資産は、将来の万一の損害に備えるための備金として自らの組織内にに留保することが目的であるが、備金が十分に積み増されるとそれを自社のファイナンスの機能として活用することも考えられる。例えば、備金資産の有効な活用例として、キャプティブには「ローンバック」などの制度があり、親会社やグループ企業への低利での融資貸付を行うことなどがその例である。ただし、ローンバックに関してはドミサイルによって量的な規制がある場合があるので、現地監督局へ尋ねるなど注意を要する。

(3) キャプティブにより将来のプロフィットセンターとしての商業保険への参入を期待することができる。第4章で議論したHPRの理念を基に集まった紡績工場のオーナーたちが設立したHPRキャプティブは、その後ファクトリーミューチュアルとなり大きな商用保険会社に成長したのは代表的な一例である。つまりキャプティブの備金が積み増すとリスクの許容能力が向上し、第三者リスクの引受けができるようになる。そうなると、一般保険会社と同様に営利目的でのキャプティブ運営が可能になる。ソニーの保険業界への進出とその成功例や、日産のWarranty Captive（製品保証キャプティブ）の成功例などを見ると、日本のメーカーなどは、グループで金融子会社をプロフィットセンターとして持ちたいと考える企業が多いのではないだろうか？ キャプティブはそのように将来のため戦略的な位置づけで設立するのである。

(4) キャプティブにより取引保険会社へのリスクマネジメント依存度の減少と保険購入時の価格交渉能力の向上が期待できる。特に、日本企業は関係の深い保険会社からの保険購入の比率が高い。一般的に企業分野の損害保険においてのリスクコストは個人分野と比べて高いといわれている。キャプティブにより再保険市場での保険の卸値情報を入手できること、社内の損害発生状況が即座に把握できること、また、キャプティブの資産増加によりリスクの保有許容量が増加することなどにより、その企業の保険購入において、取引保険会社にそれほど依

存する必要がなくなるのである。元受保険会社と被保険者である企業の間の保険情報の非対称性が改善されることが、企業にもたらす価値は大きい。例えば、企業は元受市場と再保険市場のリスクに対する保険料を比較し裁定取引ができる。元受保険市場の保険料水準が高いときにはキャプティブの付保を増やし、逆に元受市場が安いときにはキャプティブの付保を減らすことで市場の変化に柔軟に対応でき、リスクコストの削減ができるのである。

このように、キャプティブ設立により、企業は様々なメリットを享受できると考えられる。

第5節　日本企業のキャプティブ設立と利用の問題点

第4節で論じたキャプティブの利点を考えるとき、日本企業によっても今後さらにキャプティブが設立され活用されると結論づけられる。日本においては2002年に沖縄県名護市が日本で初めてのキャプティブの設立地として名乗りを上げ、そのとき1200社から1500社設立される可能性があると予測されていた。しかし実際には、現在（2013年時点）まで名護市では1社も設立されていない。一方、2006年にキャプティブ法が制定され誘致を始めたミクロネシア連邦は日本企業に焦点をあて誘致活動を始めたが、2013年末時点で11社の日系キャプティブの設立に成功している（ハワイやシンガポールからの移転も含む）。現在、世界には日系キャプティブは80社から90社程度あるといわれている。

日本が世界第2位の保険市場をもつこと、そしてその経済規模を考えると、もっとキャプティブが設立されてもおかしくない。キャプティブ設立が日本企業に積極的に行われていない理由はどこにあるのか。キャプティブが日本企業に根づかない原因が存在するのではないか。本節ではその原因について、次の4つの視点をあげてキャプティブの普及がなかなか進まない原因について考察した。

(1) 日本における保険会社の機能の充実とサービス提供会社の能力欠如

　本来キャプティブ保険会社を設立すると、企業は、従来の保険会社が提供していた保険に関わる様々な機能を自らもつ必要に迫られる。キャプティブが必要とする保険の機能とは、例えば、保険料率の算定、保険契約の作成、保険証券の発行、損害の査定、示談交渉、リスクの診断、防災のアドバイスなどである。しかし、企業が自らそのような機能をもつことが困難なので、有償で、専門家に委託するしかない。例えば、米国においては、補償機能以外のサービス機能は、保険ブローカーや保険のコンサルタントなどが保険会社に代わって委託を受けるようなサービスプロバイダーが数多く存在する。

　米国における保険ブローカー会社や保険コンサルタント会社では、保険会社から転職した保険のプロフェッショナルが働き、基本的には保険会社と同質の専門性の高いサービスを提供している。そのため、保険会社は補償機能のみに特化し、補償機能以外のサービスに関しては、保険ブローカーや保険コンサルタントが有償で提供する傾向が強く、補償機能提供とサービス提供とのビジネスの棲み分けができている。このことは、米国においてキャプティブが設立しやすい環境を生んでいる。なぜなら、企業がキャプティブを設立するとき、単に補償機能のみを保険会社からキャプティブに移転する作業だけでよく、補償機能以外のサービスはサービスプロバイダーから有償で受ければ良いのである。

　米国において、企業のブローカーを通じた保険会社の変更による不利益はまったくないようである。また、ブローカーの変更も頻繁に行われている。

　一方、日本における保険会社は、補償機能とそれ以外の付随サービスすべてを包括して提供する「リスクの総合商社」的な役割を担っている。そのため、補償機能以外の保険サービス機能を保険会社に代わって任すことができる保険ブローカーや保険コンサルタントなどが育つ土壌が今までなかった。企業はキャプティブを設立したとしても、補償機能以外の機能を従来通り保険会社に頼らざるを得なく、キャプティブ設立を非常に困難な状況にしている。もし、保険会社がキャプティブ設立に抵抗するため補償機能以外のサービスの提供を断れば、設立後のキャプティブ運営が困難になる。また、保険会社がサービス提供に応じたとしても、保険で喪失した利益の分をサービ

ス提供の手数料に付加する可能性があるのではないか。結果として、企業にとっては、キャプティブを設立したとしても従来の保険とはコスト面で大きく変わらない。むしろ、リスクが完全に移転される従来の保険の方が企業にとっては安心でメリットがあると考える経営者も多いであろう。このような状況下では、キャプティブ設立の意義の一部が失われてしまうのである。

(2) 企業と保険会社との強固な関係

　日本において、企業は同じ系列や企業グループに属する保険会社と取り引きする傾向が強い。系列内の企業とは強固な関係を維持し、系列間で営業協力することでお互いの収益拡大につながっているのである。また、万一のときに助けてくれるであろうといった暗黙の了解もそこには存在するのかもしれない。さらに、系列間の株の持ち合いから、取引保険会社が被保険者である企業の大株主であることが多く、その理由もあって保険については大株主である保険会社に一任していることが多い。

　また、大手企業は子会社として社内に保険代理店を持ち、一切の保険はその代理店（「機関代理店」とよんでいる）を通じて保険会社と密につながっているシステムができている。キャプティブ設立の動きにより、この社内の機関代理店と保険会社の密な関係が崩れてしまうといった危機感が企業内に芽生えることが考えられる。キャプティブの成長より、この相互依存関係も弱まるであろう。保険会社は利益の損失が危惧されるので、大株主としてキャプティブ設立に反対する。また、企業内代理店はその組織内での立場・権限の低下を危惧し、キャプティブ設立に抵抗するのである。

　さらに、米国に所在する日系企業の子会社が他の米国企業に習ってキャプティブを設立しているケース（このケースは実際には多い。買収先の企業がキャプティブを持っていたことを継続しているケースが多い）では、このキャプティブを日本が中心になって行おうとすると、米国のリスクマネジャーの立場が弱くなるので、今まで管理していた子会社側の抵抗も予想される。キャプティブを設立することは、これらの内外の抵抗勢力に対して十分説明できるだけの確固な経営戦略、企業トップの意思と決断、そしてコミットメントが要求されるのである。キャプティブを経営戦略の1つに位置づけるまでには十分な時間と労力が必要である。

(3) 企業サイドのリスクマネジメントを行う主体の欠如

　企業によってリスクマネジメントの主体が曖昧であることはキャプティブ推進の弊害となる。例えば、多くの日本企業は、火災、自動車、不動産に関わるリスクは保険購入を担当している総務部が、役員賠償、製造物賠償、施設賠償などのリスクは法務部が、輸出・輸入の貨物に関するリスクは海外事業部が、金融投資に関するリスクは財務部が、といったように、多くの日本企業では統一した方針でリスクマネジメントがなされていない。

　一方、海外の企業の多くは、リスクマネジメント部という専門部署にリスクマネジャーが配置されており、社内のすべてのリスクを管理し、部門間のコーディネーターとしての役割を担っている。また、リスクマネジャーは以前保険会社に勤めていた、ブローカーに勤めていたなど専門性が高い人材が多い。そのようにリスクマネジャーは、企業内のすべてのリスクに関する責任者としての役割を負っているのである。特に米国や英国においては、一般的にリスクマネジャーは財務部や経営部門と直結した部署に配属されているので、社内での地位が高く、キャプティブの管理運営を任されている（キャプティブの社長や取締役となっている）ケースが多く見られる。

　しかし、日本企業においてはリスクマネジメントを統括する機能が組織内に存在せず、米国のリスクマネジャーのような責任者もいなかった。近年ようやくリスクマネジメント部が設立される企業が多くなってきているが、その部は専属の人材ではなく兼業で行われていることが多い。そのような体制だと、キャプティブ設立時の検証作業に必要とされる過去の事故歴、リスク評価分析報告書などの情報も、一元管理がなされないであろう。損害データ管理と分析はキャプティブには非常に重要な仕事である。このデータを集約して持っていない日本企業がいかに多いか。データがないと、キャプティブ設立のためのリスク情報不足で設立に相当長い時間がかかるであろう。

(4) 起業家的精神を持った人材の不足

　前述したようにキャプティブを成功させるには、キャプティブ推進者が経営の上層部にあり、強固な意思決定能力と起業家的な精神を持っていることが重要であると論じた。つまり、将来的な明確な目標と戦略、人的または金

銭的な長期的なコミットメントがキャプティブには不可欠である。単に設立したことが目的となっては企業にとってキャプティブの意味はまったくない。某企業は機関代理店が中心になりキャプティブを設立したが、資産形成は順調に進んだが、その蓄積された資産の非効率な運用が経営トップに指摘されキャプティブを閉鎖してしまった例がある。このように、キャプティブの戦略的な活用を明快にしておかないと、目的意識が希薄化し、損害に対するコントロールが疎かになり、キャプティブの財務収支の悪化につながってしまう。コスト削減だけが目的のキャプティブを設立してしまうと不幸なケースになってしまう。

　海外に子会社をもつ多くの日本企業は、現地主義により現地での意思決定を尊重しているが、キャプティブとリスクマネジメントは本社での統一的な意思決定が望ましい分野の1つである。実際、キャプティブ検証から設立、そして営業まで数カ月で完了するが、日本企業の場合、国内での意見の調整・意思決定に相当な時間（1年以上）がかかってしまう。この長期にわたる調整にとまどって、キャプティブ設立まで到達しない企業が多々見受けられる。この社内意思決定のプロセスにおいて、キャプティブ推進者は、経営中枢部にあり、しかも社内の保険やリスクに対する意識改革を推進していくような起業家的な能力が求められる。筆者の経験からいうと、このような人材の在存が一番重要な成功要因ではないか。残念ながら、国際的に展開する日本企業の中枢部にあって、保険とキャプティブのシステムを十分理解し、起業家的な精神を兼ね備えた推進者となれる人材は少ない。

第6節　日本企業がキャプティブを設立する際の条件

　日本企業はキャプティブを設立する際、いくつかの条件をクリアにしなければならない。本節ではその条件と問題点を整理して議論する。

（1）企業は、多額の初期投下資本を必要とする。比較的少額の資本金でキャプティブ保険会社を設立し運営を始める場合、その資産が十分に形成されるまで、元受保険会社にキャプティブの支払い能力を保証する「レター・オブ・クレジット（LC：Letter of Credit）」の発行も必

要となる場合がある。このレター・オブ・クレジットとはキャプティブからの保険金の回収を保全する信用状で、親会社や銀行が発行するものである。

(2) キャプティブ保険会社に集まる保険料が、損害を支払うのに十分な額であることが必要である[2]。キャプティブ保険会社に十分な保険料収入がないと、突然の損害に十分対応できないし、確実な剰余金の累積が期待できない。また、初期の段階においては、キャプティブ保険会社における備金が成長するまで、大きなリスクの引受けを制限することは堅実な運営といえる。さらにキャプティブ保険会社の収入保険料が、運営のために必要な経費をまかなえるに十分なものでなければならない。

(3) キャプティブ保険会社の引受けるリスクの所在が十分分散していることが必要である。例えば、1つの災害により複数の施設に影響を及ぼし、巨額な支払いがあると、キャプティブの財務能力に著しい悪影響を及ぼすからである。

(4) 現在取り引きがある保険会社の抵抗に対し、十分にその目的とリスク戦略を説明することにより、キャプティブ設立に協力してもらう必要がある。大企業の場合、現実には保険会社に頼りきってリスクに対応してきたのが実情である。その強い協調関係（または、企業と大株主との関係）がある保険会社に、キャプティブ設立の協力を願うことは、保険会社が受け取る利益の一部をキャプティブ保険会社に移してほしいとお願いするようなものである。よって、保険会社からの強い抵抗が予想されよう。しかし日本国内では、保険会社から損害査定サービス、保険証券の発行などのサービスを継続して受けたいので、保険会社との良好な関係は維持しておきたい。企業の担当者はこのバランス感覚を必要とされ、同時に強固な戦略、コミットメントとともに保険会社に対する交渉能力が長けていることが望まれる。日本と違って米英、現在では欧州においても多くの企業がキャプティブを利

用して自社のリスクを管理することが主流になっている。近年日本の損保会社もかなり柔軟な姿勢を見せているが、保険会社とキャプティブが共存していける環境を作るという高いハードルを乗り越えなければならない。

(5) タックスヘイブン税制（租税特別措置法第66条の6項、「外国子会社合算税制」）を考慮しなければならない。設立地の税率が20％未満の場合には、キャプティブの利益は日本において連結対象扱いで合算課税されるので、タックスヘイブン扱いされる多くのオフショアキャプティブにおいてはキャプティブによる節税のメリットはない。したがって、設立地を検討する際には設立地の税制に十分注意しなければならない。

第7節　結論

　現時点で世界には6000社を超えるキャプティブ保険会社が存在し、日本企業のキャプティブの設立はそのうちわずか80社から90社程度（全体の約1.4％）である。また、日系キャプティブは日本企業の海外子会社が設立したケースが多く、その主な設立目的は海外リスク付保であり日本国内のリスク付保は限定的である。したがって、日本企業は今まで独自にキャプティブを設立することや、国内リスクに関しては海外キャプティブを利用することに慎重であった。本章では次の4点からその理由を検証した。第一に、日本において企業のリスクマネジメントにおける保険会社の役割が非常に大きいこと。第二に、企業が機関代理店を通じて保険会社と強固な関係にあること。第三に、企業組織内にリスクマネジャーが存在しないこと。そして第四に、企業の経営陣に起業家的精神をもったキャプティブを推進する人が不足していることの4点である。

　名護市のキャプティブ設立予想では、上場日本企業の90％がキャプティブを設立するシミュレーションを行っているが、これは日本が米国・英国的な文化をもつ国であることを仮定している。しかし、日本はむしろその保守的な制度、商習慣から名護市が予想するような楽観した展開にはならなかった。

キャプティブ設立の増加には、日本における保険制度のより一層の自由化、保険会社の持ち株減少による企業への影響力の低下などの経営環境の大きな変化が必要である。企業は、独自のリスクマネジメントを確立し、その理解を組織全体に浸透させなければならない。そのためには、リスクマネジメントを統括する専門的知識をもったリスクマネジャーを配置しなければならない。さらに、キャプティブを経営戦略の１つと位置づけ、経営陣にキャプティブを推進する起業家的精神をもった人を育成することが必要だと考えられる。そうすれば、日本においてもキャプティブの利用によるリスクマネジメントが必然的な状況が生まれるであろう。

[注]

1　金融庁のホームページによると、「保険業法第186条第１項において、一部の例外を除き原則として、日本に支店等を設けない外国保険業者は、日本に住所・居所を有する人若しくは日本に所在する財産または日本国籍を有する船舶若しくは飛行機に係る保険契約を締結してはならないと定められており、保険契約の申込みをしようとする方は、当該申込みを行うときまでに内閣総理大臣の許可を受けなければなりません。」とある。つまり、日本に所在するリスクを新たに保険と扱われるには政府の認可を受けなければならないのである。

2　著者がキャプティブマネジメントの担当者と面談したところ、保険料が最低１億円ないとなかなか成功しないとのことである。

第6章
キャプティブ設立による日本企業の価値創造

第1節　背景と目的

　2013年3月11日のBusiness Insurance誌のスペシャルレポート"*Captives Grow as Economy Recovers*"において報告されているように、世界におけるキャプティブ数は年々増加を続け、2012年度末には6052にまで到達したとある。特に、1990年以降2001年までは世界保険市場のソフト化が継続し、企業としては、キャプティブを設立するよりも保険会社から従来型の保険を購入した方が効率的にリスクマネジメントできたはずである。しかし、多くの企業はリスクを保険の仕組みを使って保険会社に移転するよりもリスクを保有するキャプティブの方が経済的に合理的だとの理由で、キャプティブは増加の一途をたどっている。キャプティブ法を整備し積極的な誘致に乗り出した国や地域（米国では州）が増え、それら設立地間での競争の激化による誘致合戦もキャプティブ増加の大きな要因と考えられる。世界には59もの国または地域（米国では州）がキャプティブ誘致のため積極的な活動を行っている。

　その一方で、世界第二の保険大国といわれる日本の保険業界においては、2002年に沖縄県名護市が日本で初めてキャプティブの設立地として名乗りを上げた。しかし、現時点までキャプティブを設立したという話は聞かない。日本で営業する外資系の保険会社や国際ブローカー、リスクコンサルタントなどはキャプティブが新たなビジネスチャンスにつながると考え、名護市の構想を実現させようと協力したが、この構想は失敗に終わったといって

も過言ではなかろう。

英領ガーンジーにおいては1922年に最初のキャプティブが創設された[2]ように、キャプティブは歴史的には長く、また、リスクファイナンスの代表的手段として、昔から色々なリスクマネジメントのテキストに紹介されてきた。国際的にビジネスを展開する多くの日本企業は、キャプティブを知る機会もあり、その利点についても十分認識していた。現に日本企業が所有するキャプティブも、世界的には少ないが80社から90社程度存在するといわれている。しかし、それらのキャプティブも日本企業の海外子会社（特に米国の子会社）が主導し設立したケースが多く、それらは海外子会社のリスクマネジャーにより管理・運営されている。したがって、リスク引受けの対象は日本でない海外のリスクが中心であり、国内リスクのカバーは限定的であることが多い。これらの事実からキャプティブは日本企業にとって適切なリスクファイナンスの手法ではないのか？という疑問を想起するのである。

そこで本章では、日本企業がキャプティブを設立する場合に企業価値を高めることができるかとの重要な研究課題を明らかにする。特に、日本企業がヨーロッパの主要なドミサイル（ガーンジー、ルクセンブルグ、ダブリン）においてその100％子会社キャプティブ（ピュアキャプティブ[3]）を設立した場合を想定し、国内で保険を購入した場合と比べての価値創造が可能かどうかを現実的な想定を基に算出したい。

第2節　先行研究

世界には6000社を超えるキャプティブが存在するが、キャプティブの学術的な研究はあまり多く存在しない。その理由としては、キャプティブに関するデータの多くが開示されていないことが所以であろう。

キャプティブと企業価値向上に関する実証研究では、度々異なった結果が導き出されている。Diallo and Kim（1989）と Adams and Hillier（2000）は、イベントスタディ手法を使って、キャプティブ設立が株主価値を向上させたかどうかの実証分析を行った。彼らの研究の結果判明したことは、キャプティブ設立のニュースによって親会社の株主価値はほとんど変化が見られなかったが、親会社の株価収益率に関してわずかながらの異常なマイナスな

収益率の変化が見られた。この事実から、キャプティブがもたらす価値は、多くの株主にとってはほとんど無視できるような価値ではあるが、一部の経営者にとっては重要な価値を含んでいるのではないかとの考察である。したがって、彼らはキャプティブによる福利的な便益が株主にはなく経営者にもたらされるものであると論じている。

上記結論は Scordis and Porat（1998）の研究によっても同様な結論が示唆されている。Scordis and Porat（1998）の実証研究では、キャプティブを持たない会社と比べて、キャプティブをもつ会社においては、経営者と株主間での利益相反による確執が多く見られると論じている。Adams and Hillier（2000）は、その結果を受けて、経営者は自身の便益向上のためにキャプティブを設立するのではないかと結論づけている。Adams and Hillier（2000）の研究は、キャプティブを設立した英国会社120社のキャプティブ設立のニュースを受けて株価にマイナスの変化が見られたことから、キャプティブはむしろ株主価値を減少させると結論づけるが、そのマイナスな影響は1％にも満たなかったとも論じている。

Scordis, Barrese and Yokoyama（2007）は、モンテカルロ・シミュレーション法を用いて、バミューダと英領ヴァージン諸島に一般的なキャプティブを設立した場合、高い確率で継続的な株主価値をもたらす要件について研究を試みた。その研究の結果、平均するとキャプティブが株主価値を創造する確率は低いと結論づける。しかし、良好に運営されたキャプティブは株主価値を創造する可能性を高めると論じ、さらに、システマティックリスク（市場リスク）が低い親会社のキャプティブは、キャプティブによる株主価値創造の可能性が高いと結論づけている。

第3節　キャプティブの設立地（ドミサイル）

(1) 世界のキャプティブ市場

オンショア、オフショアに所在する世界のキャプティブ保険市場を、4つの地域に分類すると、1) 北米（米国およびカナダ）、2) バミューダおよびカリブ海地域、3) 欧州、4) アジア太平洋地域の4つに分類できるであろう。

ビジネスインシュアランス［Business Insurance（2013）］によると、世界のキャプティブ市場はその数において44.1％がバミューダおよびカリブ海地域に所在し、世界で一番大きい市場を形成している。次に北米（米国およびカナダ）の36.9％、欧州が16.8％、アジア太平洋地域が2.3％である。この数字が示すようにアジア太平洋地域は、市場としてはまだ新興勢力であり、将来の市場の成長が期待される地域である。

各地域にそれぞれ特徴がある。バミューダおよびカリブ海地域は、キャプティブ数では世界最大であるバミューダと同2位であるケイマン諸島が含まれる。これらキャプティブ市場の特徴としては、オフショア・キャプティブ（自国以外の国で設立したキャプティブのこと）の設立地として機能していること、法人税が無税であること、企業の要望に柔軟に対応できる規制・監督を敷いているビジネス環境を整えていること、銀行、再保険会社、ヘッジファンドなどの様々な金融・投資会社が同じ場所に所在していることである。さらに、海洋資源が豊かで気候も良く、またリゾートホテルやゴルフ場などアメニティも充実しており、担当者が年に1度程度は訪れたいと思うような住環境を整えている。

キャプティブの設立と運営にあたってのサービス提供に関していえば、例えばバミューダにおけるその小さい首都ハミルトンの町にはキャプティブ運営に必要なすべてのサービス会社がある。管理・運営のマネジメント会社、弁護士、会計士、アクチュアリー（保険数理人）、再保険会社、投資アドバイザー、銀行などの会社が町中に所在し、同じ町中ですぐにキャプティブ付随サービスを受ける便利さ（"One Stop Shopping" とよばれている）が魅力である。

北米（米国とカナダ）地域の市場は、その隣接した地域性から、多くの米企業、カナダ企業のキャプティブを誘致している。そのキャプティブ市場は、米国親会社にとっては法制度、規制・監督の明瞭性が高いこと、政治的な安定度が高いこと、法的な賠償リスクが低い点などが好感をもたれている。安全、安心、そして交通のアクセスが良いことなどから米企業およびカナダ企業のキャプティブ誘致に成功している。

州政府のキャプティブ誘致も積極的である。例えば、アメリカ市場の最大のキャプティブ設立地であるバーモント州は、年に数回セミナーを開いたり、毎年1度、大々的なキャプティブコンファレンスを開催するなど、キャ

プティブの啓蒙・教育活動を盛んに行っている。また、バーモント州政府は企業ニーズにマッチするように柔軟な法整備を整えていると自負している。州知事自らがキャプティブの誘致に積極的に取り組んでいる姿勢とともに、企業のニーズに柔軟に対応できる法整備が整っていることがその成功につながっていると考えられる。

　欧州市場は、「1920年代初頭にキャプティブ市場が始まったときにその多くがグループキャプティブとして設立された［Bawcutt（2011）］」とあるように、企業群が設立するグループキャプティブが多いことがその特徴である。「グループキャプティブ」とは2つ以上の複数の親会社が協力して運営され、それら親会社の企業群のリスクを管理し、保険カバーを提供する保険子会社である［Doherty（1985）］。また、ガーンジーのように「保護セル会社（PCC：Protected Cell Company）」「法人セル会社（ICC：Incorporated Cell Company）」とよばれるレンタ・キャプティブ（レンタルできるキャプティブ）をその特徴としている設立地も存在する。またルクセンブルグのような設立地は、再保険キャプティブを中心に誘致し、平衡準備金制度（Equalization Reserve、「異常危険準備金」ともよばれる）が特徴的であるドミサイルもある。その他に、アイルランドのダブリン、ジブラルタル、スイス、スウェーデン、ノルウェーなどの設立地も独特な特徴で、欧州企業や多国籍企業のキャプティブの幅広いニーズを満足させている。そこで本章では欧州の代表的なドミサイルであるガーンジー、ルクセンブルグ、ダブリンを中心に議論する。

(2) 英領ガーンジー（Guernsey）

　イギリスとフランスとの間に浮かぶチャネル諸島の1つがガーンジー島であり、英国やEUとは異なった独自の法律と税体制を保っている英国王室領である。ガーンジーはキャプティブ設立地としては、ヨーロッパの中で最も古く1922年に開始された。キャプティブ数では2012年度末時点で333社であり、その数は欧州1位、世界4位である。

　英国の軍備に守られ、政治的にも安定しているガーンジーは、その柔軟性の高い税制、キャプティブを運営するに十分なサポート環境が整い、しかもロンドンや欧州諸国から近いという地の利を得てキャプティブ設立地として

発展した。ガーンジーの特徴と魅力は「保護セル会社」や「法人セル会社」の設立地として有名なことである。

ガーンジーは保護セル法を1997年に初めて法制化し、2002年にはその法律を改定している。2006年には保護セル会社を進化させた法人セル会社の法律を制定している。保護セル会社または法人セル会社は実質的にはレンタ・キャプティブである。レンタ・キャプティブの利点は、ピュアキャプティブやグループキャプティブの設立よりも一般的に安価で容易に比較的短期間でキャプティブを設立することができることにある。レンタ・キャプティブは様々な複数の企業により借りられたキャプティブである。1つの保護セル会社には複数のセルが存在し、それぞれのセルが企業に1つのキャプティブとして貸し出されるのである。保護セルは1セル内の資産と負債を他のセルのそれらから法的に分離するという特別規約を持っている。その規約により、1つのセルの倒産が他のセルの資産に影響を及ぼさないように整備されているのである。さらに法人セル会社においては、各セルが法人登記されるという措置も取られている（図6-1）。

キャプティブ設立の経験がない企業や高額なコストをかけたくない企業は、ガーンジーを設立地として選び、PCC，ICCでキャプティブを設立することでその利点を享受することができるのである。

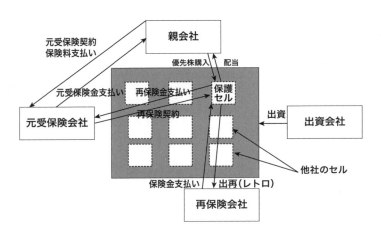

図6-1　保護セル社の仕組み

(3) ルクセンブルグ（Luxembourg）

　西ヨーロッパの中心に位置し、ドイツ、フランス、ベルギーに囲まれたルクセンブルグ大公国はヨーロッパの金融センターとして栄え、多くの多国籍企業（例えばアマゾン、楽天、デルファイなど）が欧州ビジネスのセンターオフィスを構える格好の場所を提供している。また、ルクセンブルグはキャプティブの設立地としても有名で、世界ランクの上位にランクされている。2012年度末のキャプティブ数238社は世界では8番目、欧州ではガーンジーについで2番目に大きなキャプティブ市場である。

　ルクセンブルグは1984年にキャプティブ法を初めて制定し、再保険会社として機能するキャプティブの誘致を始めた。また、ルクセンブルグはキャプティブを運営するのに十分なサポート環境が整っている。その金融センターとして発展した町には、銀行、投資アドバイザー、再保険会社、元受保険会社、マネジメント会社、弁護士、保険数理人などが支店を構えており、政治的にも安定したビジネス環境を提供している。さらにロンドンや欧州諸国から近いという地の利を得てキャプティブ設立地として発展したのである。

　ルクセンブルグにおけるキャプティブの特徴は再保険キャプティブであろう。そのキャプティブは直接リスクの引受けを行わない。再保険キャプティブは親会社とキャプティブ保険会社の間に元受保険会社が介在する仕組みをもつ。したがって再保険キャプティブは、親会社が所在する国つまり元受保険会社が受ける保険法により影響を受けるのである。日本企業が設立するのは日本の元受保険会社を介した再保険キャプティブである。

　再保険キャプティブの利点は、第5章で述べたように、キャプティブが再保険市場と元受保険市場の裁定取引を行える機能をもつことである。例えば、元受保険市場がソフト市場でリスクに対するコストが低い（保険料が安い）保険サイクルになったときには、親会社は元保険会社の引受けを大きくし、キャプティブの引受けを小さくすることで再保険料を低くする。逆に、元受保険市場がハード市場になり高額な保険サイクルになったときには、元受保険会社の引受けを小さくし、キャプティブの引受け保険料を大きくすることでキャプティブのリスク付保を高くする。このように、元受保険会社とキャプティブ間の再保険契約と再保険料の調整により、元受保険市場と再保険市場の価格差を利

益としてキャプティブが享受することができるのである。

　日本企業の場合、日本国内のリスクカバーの保険は、保険業法により国内で認可、ライセンスを受けた保険会社でないと保険販売ができない。したがってキャプティブを設立したい場合には、海外の設立地に再保険キャプティブとして設立することが求められる。

　さらに、ルクセンブルグではキャプティブ再保険会社は非課税の平衡準備金（Equalization Reserve）を積み立てることができる。平衡準備金とは、収支の良い年に、将来の損害率の変動や異常危険の損失に備えるものとして通常の備金とは別に、計上の認められる準備金のことである[5]。本制度はさらなる無税での資産蓄積ができる点で有利である。

(4) ダブリン（Dublin, Ireland）

　ダブリンはアイルランド共和国の首都である。アイルランド共和国は北東に位置する英国領北アイルランドと島を共有しており、1949年に英国連邦から脱退し、欧州経済共同体（EEC）のメンバーになった。アイルランド共和国は、国際金融サービスセンターをダブリンに開設した1987年にキャプティブビジネスを開始している。同センターに拠点を置いている国際金融機関は多数あり、チューリッヒ、エース、XL、ジェネラリといった大手の保険会社やドイツ銀行、シティ銀行、住友銀行、メリルリンチなどの金融機関も含まれている[6]。

　ダブリンは高度なインフラを設備しており、キャプティブを含めた金融機関にとっては使い勝手が良く柔軟な法整備がされている。そのおかげで、欧州だけでなく米国や日本などの国際企業によく知られた金融センターとして発展してきた。2012年度末においては、アイルランド全体でのキャプティブ数は141社あり、世界ランクでは15位、欧州では3位にランクづけされている。

　ルクセンブルグの再保険キャプティブとは異なり、ダブリンでは親企業と直接に保険契約を行う元受キャプティブが主流であり、それらは欧州諸国に所在する親会社関連グループ会社に直接保険を提供している［Bawcutt（2001）］。元受キャプティブの利便な点は、元受保険を介することがないため元受保険会社に手数料を支払う必要がないことである。元受保険会社には、フロンティングフィーとして保険料の4〜10%もの高額なコストがかかることが多い[7]。

表6-1では本分析で注目する上述の3つのキャプティブ設立地の税率、設立・維持費用、最低資本金、キャプティブの数の比較表である。本章の分析は本表にあるコスト体系を基に使用した。

表6-1 3つのドミサイルコスト体系、規制、キャプティブ数の比較

	ガーンジー	ルクセンブルグ	ダブリン
キャプティブ数（2012年度末時点）	333	238	141
キャプティブ数の世界ランキング	4	8	15
最低資本金	£900,000	€1,225,000	€635,000
登記・設立・年間維持費用	登記費用£5,054;年間維持費用£5,040.	登記費用€1,500;年間維持:€3,000-15,000.	初期費用€5,709;年間監査料€635-31,743.
法人税率	0%	30%	12.5%
注：	最低資本金と登記費用は損害保険会社のみ適用される。	最低資本金と登記費用は再保険キャプティブ保険会社のみ適用される。	最低資本金と諸費用は再保険キャプティブ保険会社のみ適用される。

出典：Captive Insurance Companies Association (2012), Business Insurance (2013) and International Risk Management Institute (2013)

第4節 DCF分析による正味現在価値

本節では、注目する欧州の3つのドミサイルであるガーンジー、ルクセンブルグとダブリンにおいて、日本企業がピュアキャプティブを設立するシナリオを考える。現実的な条件を想定し、キャプティブによりその親企業が価値を創造することができるか否かを割引現在価値（DCF法：Discounted Cash Flows Analysis）の手法で算出する。

(1) 規制

日本の保険業法によると、日本に所在するリスクに関して、金融庁が認可し営業ライセンスを受けた保険会社によって販売された保険契約が保険として認められる。もし、海外に所在するキャプティブが日本のリスクの引受けを行う場合、認可された元受保険会社を通じた再保険キャプティブの形態を

とることになる。

　さらに、海外に所在するキャプティブが設立地において20％以下の法人税率が適用される場合には、第5章で述べたように日本においてタックスヘイブン税制（租税特別措置法）が適用される。つまり、日本においてその親会社に対して海外子会社の税金が軽減された分に日本の法人税が課せられる。したがって、タックスヘイブン（租税回避地）と認定される地域にキャプティブを設立すると、海外子会社設立による節税のメリットはなくなるのである。

　本章で注目する3つのドミサイルでは、ガーンジーが法人税0、ダブリンが12.5％の法人税率で、これらはタックスヘイブン地域と認定される。しかし、ルクセンブルグは法人税率が30％であるのでタックスヘイブンとは認定されない。

　2009年度の税制改正によって、「外国子会社配当金不算入制度」が導入された。本制度により、親会社により発行済株数の25％以上の株式を保有される海外子会社からの受け取り配当金の95％を親会社の益金に算入しないこととなり、実質この部分が非課税となった[8]。子会社として設立されるピュアキャプティブからの配当も、95％が国内において非課税となる。

(2) 想定シナリオ

　本章が前提とするシナリオは、再保険キャプティブを上記3つのドミサイル、つまりガーンジー、ルクセンブルグそしてダブリンに設立すると想定し、それぞれの結果を比較し分析する。日本国内においては元受保険会社が親会社と保険契約を結ぶ。元受保険会社はキャプティブと再保険契約を結び、フロンティングフィー（Fronting Fee）として保険料の5％を元受保険会社に支払う。シナリオの想定期間であるキャプティブの保険営業期間は4年間とする。

　元受保険会社は親会社のリスクを引受けないものとし、100％キャプティブ保険会社にリスク移転する。その再保険キャプティブは、そのリスク移転のための再々保険（再々保険：Retrocession）[9]を購入しないものとする。

　その再保険キャプティブは4年間で保険営業を終了し、すべての損害を支払い終える7年目まで「ランオフ（Run-off）」（保険ビジネスを行わないが継続して支払い業務だけ行う）業務を継続する。7年度末ですべての業務を終了するとする。

①損害と支払いパターン

計算の簡素化のため、1年間に発生する親会社の期待損害値を4000万円とする。通常発生した損害は発生年度に計上されるが、実際の支払いは数年経過して支払いが完了することが多い。そのキャッシュフローの効果を反映させるために、発生年度に損害額の25%が支払われ、次年度にその50%、そして3年目に残りの25%が支払われるとする。このように損害金は発生から3年の期間にわたって支払われるとする。したがって、設立4年度に発生した損害はキャプティブを閉鎖する7年目にはすべての負債（支払わなければいけない損害）の支払いを完了し、キャプティブの残存資産が親会社に返却されるものとする。

②正味保険料

キャプティブの親会社は日本保険市場における保険料率にて元受保険会社に保険料を支払う。元受保険料は、損害期待値と、付加費である保険営業の経費（代理店コミッションを含む保険営業経費）の合算により計算される。

付加費に関しては、保険研究所が発行する『インシュアランス 平成24年度版損害保険統計』のデータを使用した。そのデータによると2011年度における、損害保険会社全体の保険引受事業費に係る事業費率は保険料の33.8%であった。リスク対象に対する正味保険料率（NPW）は営業費（UER）と損害期待値 $Loss$ により以下の計算式により計算する。

$$NPW = \frac{1}{1 - UER} \times Loss$$

損害期待値が40百万円であるとすると、上記式により正味保険料はおおよそ60.4百万円となる。この正味保険料が元受保険料として、キャプティブ操業期間に親会社により継続的に支払われるとする。キャプティブへの正味保険料は現地通貨に換算され再保険料として支払われる。2013年4月時点における為替率、1ユーロあたり¥131.22、1ポンドあたり¥155.11（ヤフーファイナンスを参照）を計算に使用した。

③初期投資資本とキャプティブ運営費用

キャプティブへの初期投下資本は、表6-1が示すようにドミサイルが要求する最低資本金とした。また、初期費用、登記費用や年間維持費用なども同

表が示す通りとした。その他の運営費用（例えば、弁護士費用、保険数理士の報酬、マネジメント会社へのフィーなど）に関しては、業界平均である正味保険料率の15%とした。

④投資による収益率

キャプティブにおいて、資産投資による投資収益率に関しては、『インシュアランス 平成24年度版損害保険統計』のデータから計算した値を用いた。上記統計値の日本の損害保険会社の投資収益、配当収益の合算値を投資資産で割った数値を計算した値である。その計算した値は1.91%であったので、キャプティブの投資運用の収益率として使用した。

⑤割引率

現在価値を求めるために割引率が必要である。Doherty（1985）によると、キャプティブにおけるキャッシュフローのリスク要素は、(1) 損害発生のランダム性のリスク要素、(2) 投資益のリスク要素、の2つであると論じている。我々は、損害発生リスクは金融市場リスクとは無相関であると考え、したがって市場リスクである「システマティックリスク」は存在しないと考えた。

一方、キャプティブにおける投資収益に関しては市場リスクが存在し、キャプティブの営業キャッシュフローは保険営業と投資業の複合であるので、総キャッシュフローの投資部分だけではあるがシステマティックリスクが存在する。よって、無リスク金利よりある程度大きい期待収益率が要求され、それを割引率として反映した。

無リスク金利については、日本の10年物国債の利回りをトンプソンロイターの「データストリーム（*Datastream*）」より入手して使用した。そのデータベースの過去10年間の平均収益率は1.039%であった。我々が本分析で使用した割引率は市場リスクと無リスク収益率の加重平均をとって、2.0%として計算に使用した。

⑥財務予想と正味現在価値

想定シナリオをベースとして、コストの相違を反映した予想される財務諸表を各ドミサイルにおいて作成した（表6-1～表6-6参照）。まず、本分析

では同じ損害シナリオ、支払いパターンでもって各ドミサイルにおいて現地通貨ベースで資産を積み増されるとする。予想される損益計算書とともにキャッシュフロー計算書をキャプティブと親会社において作成した。

最終キャプティブ価値は親会社のキャッシュフロー計算書に反映されるものとする。また、親会社が典型的な保険の仕組みを利用したときの予想キャッシュフローによる現在価値とキャプティブ設立によるキャッシュフローによる正味現在価値の比較を行った。つまり、キャプティブ設立による正味現在価値から保険利用の正味現在価値を差し引くことでキャプティブ設立による付加価値を求めた。

表6-2 ガーンジー・キャプティブによる損害支払い値

	損害支払い年度と支払い金額（単位はポンド）						発生損害総額
	1	2	3	4	5	6	
損害発生年度							
1	64,470	128,941	64,470				257,882
2		64,470	128,941	64,470			257,882
3			64,470	128,941	64,470		257,882
4				64,470	128,941	64,470	257,882
損害支払い総額	64,470	193,411	257,882	257,882	193,411	64,470	
支払い備金	193,411	257,882	257,882	257,882	64,470	0	

表6-3 ガーンジー・キャプティブにおける損益計算書

	年度（数値の単位はポンド）			
	1	2	3	4
保険料収入：	389,549	389,549	389,549	389,549
営業費：				
初期設立費用	5,054			
年間維持費	5,040	5,040	5,040	5,040
運営費用	58,432	58,432	58,432	58,432
営業費総額	68,526	63,472	63,472	63,472
損害発生金額：				
支払い損害額	64,470	193,411	257,882	257,882
損害備金積み立て	-193,411	-64,470	0	0
保険営業益	**63,141**	**68,195**	**68,195**	**68,195**

表6-4 ガーンジー・キャプティブの株主資本推移

	年度（数値の単位はポンド）						
	1	2	3	4	5	6	7
株主資本：							
前年度期末値		1,179,874	1,341,303	1,441,345	1,543,298	1,379,364	1,341,240
＋保険料収入	389,549	389,549	389,549	389,549	0	0	
＋サープラス	900,000	0	0	0	0	0	
営業費：							
初期設立費	5,054	0	0	0	0	0	
年間維持費	5,040	5,040	5,040	5,040			
運営費	58,432	58,432	58,432	58,432			
総営業費	68,526	63,472	63,472	63,472			
期首の投資ファンド額	1,221,023	1,505,951	1,667,380	1,767,422	1,543,298	1,379,364	
投資益	23,322	28,764	31,847	33,758	29,477	26,346	
支払い損害額：	64,470	193,411	257,882	257,882	193,411	64,470	
期末株主資本額	1,179,874	1,341,303	1,441,345	1,543,298	1,379,364	1,341,240	
法人税：							
営業費に対する税金	0	0	0	0	0	0	
投資益に対する税金	0	0	0	0	0	0	
法人税総額	0	0	0	0	0	0	
税引後の株主資本	1,179,874	1,341,303	1,441,345	1,543,298	1,379,364	1,341,240	

表 6-5 ガーンジー・キャプティブ設立による親会社の
キャッシュフローとその現在価値

	年度（数値の単位はポンド）						
	1	2	3	4	5	6	7
キャプティブへの保険料支払い	-389,549	-389,549	-389,549	-389,549			
元受保険会社へのフィー支払い	-19,477	-19,477	-19,477	-19,477			
株主資本投資	-900,000	0	0	0			
保険料による節税効果	136,342	136,342	136,342	136,342			
日本で支払う法人税	-22,099	-23,868	-23,868	-23,868			
キャプティブの終焉価値							1,341,240
キャッシュフロー総額	-1,194,784	-296,553	-296,553	-296,553	0	0	1,341,240
割引率2.0%でのキャプティブの正味現在価値	-859,025						

表 6-6 保険購入による親会社のキャッシュフローとその現在価値

	年度（数値の単位はポンド）			
	1	2	3	4
保険料支払い	-389,549	-389,549	-389,549	-389,549
保険料による節税効果	136,342	136,342	136,342	136,342
総額	-253,207	-253,207	-253,207	-253,207
無リスク金利を割引率とした正味現在価値	-993,366			
キャプティブによる付加価値創造	134,342　ポンド			
	20,837,721　円			

第5節　結果と考察

(1) キャプティブによる価値創造

　ガーンジー・キャプティブ設立による損益計算書の予想値、株主資本推移とキャッシュフローの予想を行い、その現在価値を求めた結果を表6-2から表6-5で示した。保険購入による親会社のキャッシュフローの予想値とその現在価値を計算した結果と、表6-5から得られたキャプティブによる現在価値に直したコストと保険購入価値コストとの差から、キャプティブによりどれほどの付加価値が生み出されたかの結果を表6-6で示した。

　本シナリオ分析によると、期待損害額が40百万円のリスクを想定した場合、そのリスクをキャプティブにより4年間引受けた場合の正味現在価値ベースでのコストはおよそ86万ポンドであると算出される。また4年間保険を購入した場合のポンドベースでの正味現在価値は99万ポンドと算出された。よって、99万ポンドと86万ポンドの差から、およそ13万ポンドの価値がコスト差として認められた。その価値を日本円に換算して、キャプティブに4年間リスク付保を行うことでおよそ20百万円の付加価値が生み出されるという結果を得た。

　本結果によるとガーンジー・キャプティブにより親会社に正なる付加価値を生み出すことが導かれ、親会社としてはこの場合には保険購入よりもキャプティブを選択するという合理的な判断がなされるべきである。したがって、本想定においては保険では得られない価値創造がキャプティブによりもたらされると結論づけられる。

　同様のプロセスをルクセンブルグ・キャプティブで行ったのが表6-9から表6-14であり、ダブリン・キャプティブで行った結果が表6-15から表6-19である。3つのキャプティブの付加価値を比較した表が表6-7「キャプティブによる付加価値」である。ルクセンブルグ・キャプティブではおよそプラス1656万円相当が、ダブリン・キャプティブでは1533万円相当の付加価値が生み出される結果を得られた。ルクセンブルグ・キャプティブとダブリン・キャプティブとダブリンにおいても本想定下ではプラスの付加価値が生み出

されるとの結果である。

　また、日本企業がキャプティブを設立するとき、価値創造という選択基準からは、今回注目した3つのドミサイルでは経営者はガーンジーを選択すべきであると結論づけられる。また、これらをランクづけするとしたら、一番にガーンジー（付加価値が2000万円）が、次にルクセンブルグ（付加価値が約1656万円）そしてダブリン（付加価値が約1533万円）となる（表6-7）。

　本結果において興味深いのは、ガーンジーとダブリンが「タックスヘイブン」として日本の税法上扱われるのに対し、ルクセンブルグは「タックスヘイブン」とはならない点である。したがって、ガーンジーとダブリンにおいてのキャプティブの利益に対しては日本の税率が親会社に負担としてかかるので、キャプティブによる付加価値を押し下げる悪影響があるはずである。しかし、本結果では、「タックスヘイブン」となるガーンジー・キャプティブの付加価値が、「タックスヘイブン」でないルクセンブルグよりも大きいと算出された。この結果が示唆するのは、日本で合算課税される負の影響はそれほど大きくないということである。

　さらに注目したいことは、本結果（つまり付加価値に基づく）によるランキングは世界におけるランキング（キャプティブ数でランクづけするとガーンジーが333、ルクセンブルグが238、そしてダブリンが141）と順位としては同じとなった点である。本事実からキャプティブ設立において企業は、初期費用、運営費用と資本コストなどを勘案した付加価値の基準によりドミサイルを選択しているのではないだろうか。

表6-7　キャプティブによる付加価値

ドミサイル	現地通貨による	日本円による
ガーンジー	134,342	20,837,721
ルクセンブルグ	126,238	16,565,004
ダブリン	116,865	15,335,040

(2) 感度分析 (Sensitivity Analysis)

　次に、感度分析であるが、ガーンジー・キャプティブにおいて、投資収益

率、営業経費と期待損害額のパーセンテージ変動により付加価値がどれほど変化するかの比較分析を行ったものである。表 6-8 がガーンジー・キャプティブにおける感度分析の結果である。ルクセンブルグは表 6-14 に、ダブリンは表 6-20 に示した。

表 6-8　ガーンジー・キャプティブにおける感度分析

1) 投資収益率	0.91%	1.91%	2.91%
キャプティブによる付加価値	¥8,043,851	¥20,837,721	¥34,273,524
差額	(¥12,793,870)		¥13,435,803
2) 正味保険料における営業費率	14%	15%	16%
キャプティブによる付加価値	¥22,353,760	¥20,837,721	¥19,321,683
差額	¥1,516,039		(¥1,516,038)
3) 期待損害額	39 百万円	40 百万円	41 百万円
キャプティブによる付加価値	¥20,236,671	¥20,837,721	¥21,438,772
差額	(¥601,050)		¥601,051

NPV がゼロとなるキャプティブ営業費率　　28.74%

　ガーンジーにおける本感度分析によると、1％プラスの投資収益率の変化によりキャプティブによる付加価値の影響度は非常に高い。1.91％から 2.91％への投資収益変動によりおよそプラス 13 百万円の付加価値への影響が見られた。また、1.91％から 0.91％への負の変動に対しては、約 1280 万円の付加価値の減少が見られた。

　次にキャプティブにおける営業費率に関する感度では、1％プラスの変化により付加価値は 150 万円のマイナスな影響が見られた。逆に、1％マイナスの変化による付加価値の変動は約 150 万円の増加として見られた。よって、投資収益率のワン・パーセンテージ変動の方が営業費の同率変動による影響よりも大きいことがわかる。ガーンジーにおけるこのような結果と同様な傾向はルクセンブルグ・キャプティブとダブリン・キャプティブの感度分析においても見られる（表 6-14 と表 6-20 を参照のこと）。

　これら 2 つの感度分析結果により確認できるのは、キャプティブにより付

加価値を上げるためには投資収益を高めると同時に経費率を下げることである。これらの付加価値の源泉は、比較的低い経費率（営業費を正味保険料の15％とした）、資本コスト、ドミサイルでの維持すべき株主資本が通常の保険会社よりも低いことである。

なお上記営業費に関して、付加価値がゼロになる値（Break-even Point）を求めた。付加価値がゼロになる営業経費率は、ガーンジー・キャプティブでは正味保険料の28.74％、ルクセンブルグでは25.3％、ダブリンでは27.7％であった。よって、これらの営業経費率を超えるとキャプティブは付加価値を生まない。したがって、これらより高い営業経費率では、通常の保険を購入する方が良いと判断される。

表6-8にある期待損害額の変動による感度の結果を見てみると、100万円の期待損害額のプラスによりおよそ60万円プラスな付加価値の変化をもたらした。通常考えるに、期待損害額が低い方が付加価値増加へのプラスな好影響があるはずである。このパラドックスは保険料の計算式が影響している。期待損害額が大きいと保険料が大きく計算されるので、プラスな損害額の変動により、プラスの保険料として計算され、キャッシュフロー増加をもたらしたのであろう。

この推測を仮説としてとらえ、保険料を一定として期待損害額だけを40百万円から39百万円に変化させて結果を見ると、ガーンジー・キャプティブにおいては240万円のプラスの影響があると計算された。したがって上記の説明は確認された。よって、キャプティブの付加価値をより大きくするためには、キャプティブに集約する保険料（キャッシュイン）を大きくすること、そして保険金支払い（キャッシュアウト）を軽減することである。

親会社だけでなく子会社のリスクや関連企業のリスクなど、分散されたリスクを含めたリスクをキャプティブで付保することにより、リスク分散の効果だけでなく付加価値向上の影響がこれで確かめられた。また、リスクコントロールを行い、損害支払いを軽減することが企業価値のさらなる増加につながることも確認された。

第6節　結論

　本章では、注目する欧州の3つの代表的なドミサイルとして、ガーンジー、ルクセンブルグ、ダブリンに注目した。最初に、それぞれのキャプティブ設立地としての特徴とその魅力を説明した後、もし日本企業が純粋キャプティブを設立するシナリオを考えたとき、キャプティブ設立により親企業に価値がもたらされるのであろうかとの課題を割引現在価値（DCF法：Discounted Cash Flows Analysis）の手法で分析を行った。現実的なシナリオを想定した後、各ドミサイルの設立・運営コストと最低資本金を計算に入れてキャプティブ設立による現在価値と保険購入による現在価値を、4年間リスク付保するとの時間軸で考え、比較分析を行い、付加価値を求める手法を行った。

　日本企業がキャプティブを設立する場合、日本で認可を受けた元受保険会社を通じた再保険キャプティブが現実的であり、ほとんどすべての日本発のキャプティブは再保険キャプティブである。したがって、日本のリスクに伴う保険料は、保険研究所が発行する『インシュアランス　平成24年度版損害保険統計』のデータを使用し、期待損害額と保険営業費率により求めた。本研究では、さらに元受保険会社には追加的な元受手数料の支払いが発生するとした。

　キャプティブが4年間営業すると想定し、その後資産売却を行うというタイムスパンで考えたが、実際ランオフする期間を3年とし、最終的な損害支払いが確定する7年間をキャッシュフローの時間軸とした。その間の予想損益計算書、株主資本の推移、キャッシュフロー計算書のプラットフォームをエクセル上に作成し、企業の割引率で現在価値を求めた。

　本章では、注目した3つのドミサイルすべてにおいて、正の付加価値をキャプティブ親会社にもたらされるとの結論を得た。3つのドミサイルでは、ガーンジー・キャプティブが最も大きな付加価値を生み出し、次にルクセンブルグ・キャプティブ、そしてダブリン・キャプティブという順位になった。この結果から、タックスヘイブン税制による影響は企業価値にはそれほど大きな影響を及ぼさないと考えられる。

　さらに感度分析においては、投資収益率を上げることが最も効果的に付加

価値向上に貢献できるとの結果を得た。営業コストの削減も付加価値向上に貢献する。期待損害額の感度分析において明らかになったことは、キャプティブによる付加価値向上には期待損害額の低減が必要であるが、それとともに、保険料をより多く集めることもまた価値向上につながる点である。したがって、親会社のリスクだけでなく、その子会社やグループ会社、関連会社、従業員の保険など、より多くのリスクをキャプティブに集約することが、キャプティブによる付加価値向上により大きく貢献できるとの結論が得られた。

表 6-9　ルクセンブルグ・キャプティブによる損害支払い値

	損害支払い年度と支払い金額（単位は €）						
	1	2	3	4	5	6	発生損害総額
損害発生年度							
1	76,207.90	152,415.79	76,207.90				304,831.58
2		76,207.90	152,415.79	76,207.90			304,831.58
3			76,207.90	152,415.79	76,207.90		304,831.58
4				76,207.90	152,415.79	76,207.90	304,831.58
損害支払い総額	76,207.90	228,623.69	304,831.58	304,831.58	228,623.69	76,207.90	
支払い備金	228,623.69	304,831.58	304,831.58	304,831.58			

表 6-10　ルクセンブルグ・キャプティブにおける損益計算書

	年度（数値の単位は €）			
	1	2	3	4
保険料収入：	460,470.67	460,470.67	460,470.67	460,470.67
営業費：				
初期設立費用	1,500.00			
年間維持費	3,000.00	3,000.00	3,000.00	3,000.00
運営費用	69,070.60	69,070.60	69,070.60	69,070.60
営業費総額	73,570.60	72,070.60	72,070.60	72,070.60
損害発生金額：				
支払い損害額	76,207.90	228,623.69	304,831.58	304,831.58
損害備金積み立て	-228,623.69	-76,207.90	0.00	0.00
保険営業益	82,068.49	83,568.49	83,568.49	83,568.49

表 6-11 ルクセンブルグ・キャプティブの株主資本推移

	年度（数値の単位は €）						
	1	2	3	4	5	6	7
株主資本：							
前年度期末値		1,532,622.73	1,693,012.64	1,779,339.07	1,866,819.68	1,663,155.37	1,609,183.86
＋保険料収入	460,471	460,471	460,471	460,471	0	0	0
＋サープラス	1,225,000	0	0	0	0	0	0
営業費：							
初期設立費	1,500.00	0.00	0.00	0.00	0	0	0
年間維持費	3,000.00	3,000.00	3,000.00	3,000.00			
運営費	69,070.60	69,070.60	69,070.60	69,070.60			
総営業費	73,570.60	72,070.60	72,070.60	72,070.60			
期首の投資ファンド額	1,611,900.07	1,921,022.79	2,081,412.70	2,167,739.13	1,866,819.68	1,663,155.37	
投資益	30,787.29	36,691.54	39,754.98	41,403.82	35,656.26	31,766.27	
支払い損害額：	76,207.90	228,623.69	304,831.58	304,831.58	228,623.69	76,207.90	
期末株主資本額	1,566,479.46	1,729,090.64	1,816,336.11	1,904,311.37	1,673,852.25	1,618,713.74	
法人税：							
営業費に対する税金	24,620.55	25,070.55	25,070.55	25,070.55	0.00	0.00	
投資益に対する税金	9,236.19	11,007.46	11,926.49	12,421.15	10,696.88	9,529.88	0.00
法人税総額	33,856.73	36,078.01	36,997.04	37,491.69	10,696.88	9,529.88	
税引後の株主資本	1,532,622.73	1,693,012.64	1,779,339.07	1,866,819.68	1,663,155.37	1,609,183.86	

第6章 キャプティブ設立による日本企業の価値創造　131

表6-12　ルクセンブルグ・キャプティブ設立による親会社のキャッシュフローとその現在価値

	年度（数値の単位は€）						
	1	2	3	4	5	6	7
キャプティブへの保険料支払い	-460,471	-460,471	-460,471	-460,471	0	0	0
元受保険会社へのフィー支払い	-23,024	-23,024	-23,024	-23,024			
株主資本投資	-1,225,000	0	0	0	0	0	0
保険料による節税効果	161,164.73	161,164.73	161,164.73	161,164.73			
キャプティブの終焉価値							1,609,183.86
キャッシュフロー総額	-1,547,329	-322,329	-322,329	-322,329	0	0	1,609,184
割引率2.0%でのキャプティブの正味現在価値	-1,047,980.80						

表6-13　保険購入による親会社のキャッシュフローとその現在価値

	年度（数値の単位は€）			
	1	2	3	4
保険料支払い	-460,470.67	-460,470.67	-460,470.67	-460,470.67
保険料による節税効果	161,164.73	161,164.73	161,164.73	161,164.73
総額	-299,306	-299,306	-299,306	-299,306
無リスク金利を割引率とした正味現在価値	-1,174,219.21			
キャプティブによる付加価値創造	126,238.41 ユーロ			
	16,565,004 日本円			

表 6-14 ルクセンブルグ・キャプティブにおける感度分析

1) 投資収益率	0.91%	1.91%	2.91%
キャプティブによる付加価値	¥7,190,811	¥16,565,004	¥26,272,281
差額	(¥9,374,193)		¥9,707,278
2) 正味保険料における営業費率	14%	15%	16%
キャプティブによる付加価値	¥18,169,031	¥16,565,004	¥14,960,976
差額	¥1,604,028		(¥1,604,028)
3) 期待損害額	39 百万円	40 百万円	41 百万円
キャプティブによる付加価値	¥15,967,221	¥16,565,004	¥17,162,787
差額	(¥597,783)		¥597,783

NPV がゼロとなるキャプティブ営業費率

25.3%

表 6-15 ダブリン・キャプティブによる損害支払い値

	損害支払い年度と支払い金額（単位は €）						発生損害総額
	1	2	3	4	5	6	
損害発生年度							
1	76,207.90	152,415.79	76,207.90				304,831.58
2		76,207.90	152,415.79	76,207.90			304,831.58
3			76,207.90	152,415.79	76,207.90		304,831.58
4				76,207.90	152,415.79	76,207.90	304,831.58
損害支払い総額	76,207.90	228,623.69	304,831.58	304,831.58	228,623.69	76,207.90	
支払い備金	228,623.69	304,831.58	304,831.58	304,831.58			

表6-16　ダブリン・キャプティブにおける損益計算書

	年度（数値の単位は €）			
	1	2	3	4
保険料収入：	460,470.67	460,470.67	460,470.67	460,470.67
営業費：				
初期設立費用	5,709.00			
年間維持費	635.00	635.00	635.00	635.00
運営費用	69,070.60	69,070.60	69,070.60	69,070.60
<u>営業費総額</u>	75,414.60	69,705.60	69,705.60	69,705.60
損害発生金額：				
支払い損害額	76,207.90	228,623.69	304,831.58	304,831.58
損害備金積み立て	-228,623.69	-76,207.90	0.00	0.00
保険営業益	**80,224.49**	**85,933.49**	**85,933.49**	**85,933.49**

表 6-17　ダブリン・キャプティブの株主資本推移

年度（数値の単位は €）

	1	2	3	4	5	6	7
株主資本：							
前年度期末値		950,867.80	1,124,689.53	1,225,208.37	1,327,407.12	1,120,967.73	1,063,494.00
＋保険料収入	460,471	460,471	460,471	460,471	0	0	0
＋サープラス	635,000	0	0	0	0	0	0
営業費：							
初期設立費	5,709.00	0.00	0.00	0.00	0	0	0
年間維持費	635.00	635.00	635.00	635.00			
運営費	69,070.60	69,070.60	69,070.60	69,070.60			
総営業費	75,414.60	69,705.60	69,705.60	69,705.60			
期首の投資ファンド額	1,020,056.07	1,341,632.86	1,515,454.60	1,615,973.43	1,327,407.12	1,120,967.73	
投資益	19,483.07	25,625.19	28,945.18	30,865.09	25,353.48	21,410.48	
支払い損害額：	76,207.90	228,623.69	304,831.58	304,831.58	228,623.69	76,207.90	
期末株主資本額	963,331.24	1,138,634.36	1,239,568.20	1,342,006.94	1,124,136.91	1,066,170.32	
法人税：							
営業費に対する税金	10,028.06	10,741.69	10,741.69	10,741.69	0.00	0.00	
投資益に対する税金	2,435.38	3,203.15	3,618.15	3,858.14	3,169.18	2,676.31	0.00
法人税総額	12,463.44	13,944.83	14,359.83	14,599.82	3,169.18	2,676.31	
税引後の株主資本	950,867.80	1,124,689.53	1,225,208.37	1,327,407.12	1,120,967.73	1,063,494.00	

表6-18 ダブリン・キャプティブ設立による親会社の
キャッシュフローとその現在価値

	年度（数値の単位は €）						
	1	2	3	4	5	6	7
キャプティブへの保険料支払い	-460,471	-460,471	-460,471	-460,471	0	0	0
元受保険会社へのフィー支払い	-23,024	-23,024	-23,024	-23,024			
株主資本投資	-635,000	0	0	0	0	0	0
保険料による節税効果	161,164.73	161,164.73	161,164.73	161,164.73			
日本に支払う法人税	-28,078.57	-30,076.72	-30,076.72	-30,076.72			
キャプティブの終焉価値							1,063,494.00
キャッシュフロー総額	-985,408	-352,406	-352,406	-352,406	0	0	1,063,494

割引率2.0%でのキャプティブの正味現在価値	-1,057,354.10

表6-19 保険購入による親会社のキャッシュフローとその現在価値

	年度（数値の単位は €）			
	1	2	3	4
保険料支払い	-460,470.67	-460,470.67	-460,470.67	-460,470.67
保険料による節税効果	161,164.73	161,164.73	161,164.73	161,164.73
総額	-299,306	-299,306	-299,306	-299,306

無リスク金利を割引率とした正味現在価値	-1,174,219.21

キャプティブによる付加価値創造	116,865.11	ユーロ
	15,335,040	日本円

表 6-20　ダブリン・キャプティブにおける感度分析

1) 投資収益率	0.91%	1.91%	2.91%
キャプティブによる付加価値	¥7,077,840	¥15,335,040	¥23,956,295
差額	(¥8,257,200)		¥8,621,255

2) 正味保険料における営業費率	14%	15%	16%
キャプティブによる付加価値	¥16,542,076	¥15,335,040	¥14,128,003
差額	¥1,207,037		(¥1,207,037)

3) 期待損害額	39 百万円	40 百万円	41 百万円
キャプティブによる付加価値	¥14,897,986	¥15,335,040	¥15,772,094
差額	(¥437,054)		¥437,054

NPV がゼロとなるキャプティブ営業費率

27.7%

[注]

1　Benett（1992）によると、「保険市場のソフト化」とは被保険者にとって、保険が十分に提供される市場状態のこと。保険者間での競争により料率が下がり、条件が緩和して、被保険者が良い条件の交渉をできるようになる。商工業リスクの保険市場には周期性（保険サイクル）があり、保険料が採算率を切ると供給者が市場から離れ、やがて「硬化（ハード化）」が始まる。

2　池内・杉野・前田（2013）『キャプティブと日本企業　リスクマネジメント強化にむけて』参照。

3　池内・杉野・前田前掲注2の28頁。「ピュアキャプティブ」は別名シングル・ペアレント・キャプティブともよばれる。1つの親会社により設立され、その「親組織」がその純粋子会社として設立するキャプティブのこと。日本語で純粋キャプティブとよばれる。

4　「グループキャプティブ」は複数の親会社により設立されるキャプティブのこと。関連会社や同じ業界の企業群が共同で設立するケースが多い。

5　池内・杉野・前田前掲注2の221頁。

6　池内・杉野・前田前掲注2の222頁。

7 池内・杉野・前田前掲注2の223頁。
8 KPMG（2013）http://www.kpmg.com/jp/ja/knowledge/glossary/pages/tax_fde.aspx を参照。
9 再保険者自身が再保険に出す場合、その取り引きを再々保険とよぶ［Benett（1992）］。

第7章
日本企業キャプティブの株主価値

第1節 はじめに

　本章の目的は、日本企業がピュアキャプティブを設立することにより、株主価値をどの程度生み出すことができるかを計量的に探究することである。ピュアキャプティブ（Pure Captive）とは、100％1つの親会社により所有され、親企業にのみ保険を販売する専売保険会社としての子会社のことである。つまり、通常の保険とは違いこのキャプティブは、他社に移転すべきリスクを自らが引受け、保険料を備金として自ら蓄え、将来の損害時に保険金を支払う特別目的会社として機能する。

　しかし、Borch（1961）は次のように指摘する。保険会社がリスクをヘッジするとき、

> The firm buys security and pays for it. The company will forgo a part of its expected profits in order to reduce the possibility of inconvenient losses. The management of the company has to weight expected profit against possible loss.

> 企業は安全を買うためにお金を支払うのである。そして、企業はその期待収益の一部を遺失させても、不利益をもたらす損害の可能性を少なくしたいものである。企業経営者はこの意味で期待収益と損害可能性のリスクを秤にかけてバランスをとるべきである。

現在の日本における税法や、厳格に規制された保険規制、そして保険料が相対的に高止まりした（ハードな）保険市場においては、日本企業はキャプティブを使うことで日本国内のリスクコストと国外でのリスクコストとの間で裁定取引を行うことを可能とする。実際、Meier and Outreville（2006）の研究では、キャプティブがアクセスできる再保険市場におけるハード（リスクコストが高い）市場とソフト（リスクコストが低い）市場の保険サイクルと、元受市場の保険サイクルとは同期的に起こらなく、時間のずれが存在していると示した。この研究で、保険市場間のリスクコスト差を利用した裁定取引が可能であることを実証した。

第6章でも議論したが、裁定取引が可能であるとは、再保険市場でのリスクに対する価格が相対的に安い場合、キャプティブをもつ企業が、元受保険会社と再保険会社間の価格差を利益として取り込むことができるということである。2006年のMETI(Ministry of Economy, Trade and Industry)が行った調査において、多くの日本企業がキャプティブに興味をもっているとの報告書が示されたことは、上述するような目的で設立したいと考える日本企業が多いことを示しているのではないだろうか。

本章では、第6章で行った方法とは違った方法で、株主価値の立場からキャプティブ価値の検証を試みる。日本でのキャプティブ研究のほとんどは、その質的な特性、制度や仕組みなどの事実を伝えるものであった。本章では、日本企業に人気がある3つのオフショアキャプティブ（Offshore Captives）であるバミューダ、ハワイ、ガーンジーに日本企業がキャプティブを設立することにより株主価値がどのように変化するかをモンテカルロ・シミュレーション法を用いて確率的にとらえることを試みる。

第2節 研究アプローチとデータ

(1) シミュレーションシナリオ

①時系列シナリオ
前提とするシナリオは、日本企業が元受保険会社を通じて再保険キャプティブを設立し、資本金が投下され3年にわたって保険営業する。現実的な

シナリオとして、キャプティブは非常時に備えた再保険契約 [この場合はレトロ（再々保険契約）] とファイナイト・リスク・プログラム（第8章を参照のこと。以後本章ではファイナイトとよぶ）を利用すると同時に一定の損害備金を投資しキャッシュフローにより積み上げていくとする。キャプティブは、親会社の損害ポートフォリオを引受ける。本損害ポートフォリオにおいては程度の異なる相関関係をもつリスクの集合体とする。

　上述のような研究手法は Scordis, Barrese and Yokoyama (2007) の研究で使用されたものであるが、本研究ではそれをさらに拡張させた。我々の手法は、リスク移転とファイナンスの両要素を取り入れた最近のエンタープライズ・リスクマネジメント [Enterprise Risk Management (ERM)] 概念と代替的リスク移転 [Alternative Risk Transfer (ART)] を取り入れている点で斬新でより現実的な想定である。

　図7-1において時系列シナリオを示した。また、Excel シート上に本オペレーションのプラットフォームを作成した。それぞれ変化させるセルに後述する確率モデルを入力し、Excel のアドオンソフト @RISK (*Palisade* 社) を使って1万回の乱数を発生させ、キャプティブ価値の確率分布を出力し分析を行った。

t 時	t+1 時	t+2 時	t+3 時
キャプティブが設立され資本金が投下される。キャプティブは2つ異なるリスクからなるポートフォリオを引受けるが、部分的には再保険会社にリスク移転をする。また累積損害リスクに関しては3年間のファイナイトを導入する。	損害時はキャプティブと再保険者により支払われる。もし、ファイナイトの限度額を損害額が上回るときには契約上の金利にて借り入れを行い保険金を支払う。キャプティブは元受保険と再保険契約を更新する。	損害時はキャプティブと再保険者により支払われる。もし、ファイナイトの限度額を損害額が上回るときには契約上の金利にて借り入れを行い保険金を支払う。キャプティブは元受保険と再保険契約を更新する。	損害時はキャプティブと再保険者により支払われる。ファイナイトは終了し、経験口座を精算する。親会社はキャプティブの負債（備金）をすべて精算しキャプティブを閉鎖する。

図7-1　キャプティブ・シナリオ

我々のシナリオにおいては、親会社はt時においてオフショアにキャプティブを設立し、初期資本金の投下を行う。t時、t＋1時とt＋2時において、元受保険会社から再保険契約により保険料をキャプティブが受け取る。t＋1時、t＋2時とt＋3時において保険金支払いが行われる。キャプティブの設立により、親会社は保険料に相当するファンドの期待投資益を失う機会損失を被らなければならない。キャプティブ資本金分の機会損失コスト（Opportunity Cost）は、親会社の株主が要求する収益率とキャプティブの備金ファンド運用から得られる収益率の差である。

　本研究では、キャプティブが2つの異なるリスクの保険カバーを提供すると想定している。この2つの異なるリスクとは、「財物リスク（Property Risk）」と「賠償リスク（Casualty Risk）」である。親会社が支払う保険料は日本において計算され、各リスクの期待損害値とその標準偏差値に基づいた保険料率で保険料が支払われる。

　この2つのリスクカバーの保険契約は元受保険会社と親会社間で行われ、キャプティブはその元受保険会社の経費をフィーとして支払う。キャプティブは支払い備金を負債として抱え、レトロ（再々保険契約）を海外で行い、ファイナイトを、リスク別ではなく損害ポートフォリオを基準としたパラメータで設定する。キャプティブは海外再保険者へ異常危険に対してレトロを購入することによりリスク移転し、同時に複数年にわたるファイナイトを組むことでリスクマネジメントを実施する。

　損害発生時、再保険会社とキャプティブの保険金支払いは按分比例法とする[1]。つまり、受け取り保険料の比率により、再保険者とキャプティブが按分する支払い保険金となる。保険期間中、ファイナイトの限度額を超える損害が発生する場合においては再保険者からの借り入れにより支払う。ただし、t＋1時とt＋2時においてファイナイトがまだ継続されている場合、損害支払いがファイナイト契約の限度額を超えているときには、キャプティブが支払いを行う。

　t＋3時においてキャプティブと再保険会社が保険金を支払い、最後に経験アカウントにプラスの残金がある場合はキャプティブが受け取り、マイナスな負債があるときにはキャプティブが支払うことで精算が完了する。それらの精算が行われた後、すべてのプログラムを閉鎖する。

②ドミサイル（キャプティブ設立地）

我々は次の3つのオフショアドミサイル、つまり、バミューダ、ハワイ、ガーンジーに設立される3つのキャプティブに注目した。これらのドミサイルは、日本企業には人気のあるドミサイルで、それぞれ特有な経費体系、法人税率、監督、規制制度を有する。例えば、キャプティブ登記費用はハワイにおいては一時金で$1,300、ガーンジーは年間£5,140である。詳細は後述する。

キャプティブの年間の営業経費を保険料の10%から20%の間の一様分布（Uniform Distribution）に従って変化すると仮定する。営業経費は、マネジメント会社、投資コンサルタント、会計士、アクチュアリー（保険数理士）、弁護士などに支払うコストの総額である。これらの総費用を正味保険料の10%から20%の範囲で使った理由は、業界でキャプティブ・マネジャーが一般的に指標としているからである。

③タックスヘイブン税制

バミューダ・キャプティブでは法人税はゼロであるが、ハワイ・キャプティブは$25 million以下の保険料収入に対しては傾斜型の保険料税（Premium Tax）0.25%が課せられる。ガーンジーにおいては、改正された税法によりキャプティブに課せられる法人税はゼロである。第6章でも述べたように、日本の税制はタックスヘイブン税制により、現地における税率20%以下の国はタックスヘイブンと認定され、その地における子会社の正味利益は日本国において合算課税（有効税率35%とする）される。したがって、これら3つのドミサイルではバミューダとガーンジーが日本の税法上「タックスヘイブン」であり、ハワイは「タックスヘイブン」ではない。

④設立費、維持費、最低資本金とソルベンシー・マージン

バミューダでは通常ピュアキャプティブをクラス1として登記される。クラス1キャプティブと登記されると、親会社が初期の設立・登記費用としておよそバミューダドル$971を支払わなければならない。親会社は初期投下資本として$120,000が必要である。また、バミューダにおけるクラス1キャプティブの最低維持すべきソルベンシー・マージンは$120,000である。

ただし、保険料収入が $6 million 以下であるとき、$120,000 または保険料の20%のどちらか大きい値を最低維持資本金としている。保険料収入が $6 million を超えるとき、正味保険料の10%を最低維持資本金としている。

　ガーンジーの制度と魅力は第6章で議論した。ガーンジーで登記し維持するには、年間費用として£5,140が必要である。一般保険ビジネスを行うキャプティブの最低資本サープラスは£100,000である。一般保険ビジネスの最低維持ソルベンシー・マージンは最初の正味保険料£5,000,000に対して18%と£5,000,000を超える部分に対して16%を上乗せする金額が必要である。ガーンジーは2008年の税制変更でキャプティブへの法人税率がゼロとなった。よって、親会社が所有するピュアキャプティブに対しては日本ではタックスヘイブンと認められ、日本において合算課税（35%とした）を課される。この値はシミュレーションに使用した。

　ハワイにおいてもピュアキャプティブをクラス1のカテゴリーで登記される。クラス1キャプティブと登記されると、親会社が申請料と登記・監督証書（Certificate of Authority Fee）として$1,000と、ライセンスの更新料$300が必要である。また、親会社は最低維持資本金サープラスとして$100,000必要である。前述のようにハワイでは、正味利益に対して州税は課せられないが、保険料収入に対する税（premium tax）が課せられる。ハワイにおける保険料税は、最初の$25 millionまでの保険料収入に対しては0.25%、$25 millionから$50 millionまでは0.15%、$50 millionから$250 millionまでは0.05%である。しかし、法人に対して連邦税は免れられない。本分析では連邦税を有効税率36%と想定した。よって税率が20%以下ではないので、日本でタックスヘイブンとは認められないため合算課税は免れられる。これらの制度上の必要条件は上記述した以外にも詳細な規制があるが、本分析では大きな影響がないとして無視した。分析に使用したこれらの主な条件は表7-1に示す。

⑤ファイナイト・リスク・プログラムとレトロ（再々保険）の利用

　我々が想定する時系列シナリオにおいて、キャプティブが保有する累積リスクのタイミングリスク[2]を軽減するために3年間のファイナイトを購入するとした。また、ファイナイトに支払う保険料（または「フィー」ともよべ

表7-1 ドミサイルにおけるキャプティブの条件

ドミサイル	バミューダ	ガンジー	ハワイ
登記費用	$971	£5,140	$1,000
年間費	$971	£5,140	$300
ソルベンシー	最低資本金&サープラス：$120,000、保険料$6百万までの20%、$6百万を超える10%	最低資本金&サープラス：£100,000、保険料£5百万までの18%、£5百万を超える部分には16%のプラス	最低資本金&サープラス：$100,000
保険料税	なし	なし	最初の$25百万までは0.25%、$25百万から$50百万は0.15%、$50百万から$250百万は0.05%
法人税	なし	なし	州税なし。しかし、連邦税が課税される。36%とした。

る）は経験口座（experience account）に貯蓄される。限度額までの損害は発生時に即時支払われる。経験口座の残金は再保険会社が投資した運用益のキャッシュも追加して積み上げられる。保険金はこの経験口座から支払われる。逆に損害支払いがその残高を上回った場合、つまり経験口座がマイナスになったときには、差額を再保険会社から借金し、約定金利を支払わなければならない。

我々は経験口座のプラス残金に対しては無リスク金利とプラス3%の間で変動すると仮定し、マイナス残金（借金状態）に対しては信用リスクに対する金利プラス1〜5%の間で変動すると仮定した。これらの変動は一様分布に従うと設定した。

また、本キャプティブはファイナイトと同時にレトロ（再々保険）も購入する。キャプティブが支払う保険金は、再保険会社との間の保険料按分比を総保険金に掛け算した割合だけ支払うとする。その比率を0%から100%に変化できるようにする。例えば対応セルに「0」と入力した場合には、キャプティブは単に再々保険会社にリスクを丸投げする機能としか働かない場合（pass through mechanism）の分析値を求めることができる。

再保険の利用とファイナイトの利用によりキャプティブの生み出す株主価

値がどのように変化するかを見るために、4つの異なる場合（シナリオ①、シナリオ②、シナリオ③、シナリオ④と名前を振った）において1万回のモンテカルロ・シミュレーションを行った。

シナリオ①は、キャプティブが再保険とファイナイトの両方を使用した場合で、すべての変数が特定したモデルに従い変化するときの分析値である。シナリオ②は、再保険がカバーしない損害に対してファイナイトをまったく利用しない場合の分析値である。シナリオ③は、キャプティブがリスク保有せず、ファイナイトも利用せず、すべてのリスクを再保険会社に丸投げする場合（pass through mechanism）の分析値である。シナリオ④は、キャプティブが再保険を利用せず、100％ファイナイトに頼ったときの分析値である。

(2) データと前提条件

①損害データと保険料計算

本研究では10の財物リスクと10の賠償リスクをキャプティブがカバーすると想定する。ただし、これらのリスクには広域大災害（例えば地震やハリケーンなど）を想定していない。これらの財物リスクと賠償リスクにはある程度の相関が存在するとする。これらの相関に関する推定値は、日本における損害保険の過去の損害データを基に計算した。日本における損害データは1989年から2008年までのデータで、財物損害と賠償損害のものを利用した。財物データは日本の損害料率算定会の商用資産（事務所、工場、倉庫などの建物）のデータ[3]を参照した。賠償データに関しては、保険研究所が発行する損害保険統計号のデータを参照した。

バミューダとハワイにおけるキャプティブはドル建て、ガーンジーはポンド建てで表示する。本キャプティブが引受けるリスクの財物リスク群の平均値と標準偏差値がそれぞれ$479,100と$218,900である。一方、賠償リスク群の平均値と標準偏差値はそれぞれ$522,400と$32,600である。これら2リスクの相関係数は入手データから0.156であると計算された。我々はこれらの損害頻度、平均値、標準偏差値と相関係数を損害シミュレーションに使用した。そのうえで、Scordis, Barrese and Yokoyama（2007）の研究で行っているような保険数理的に求めたリスクに対応した純保険料に付加保険料を

合算して保険料を計算した。付加保険料は、保険営業のための運営費と、キャプティブ登記時の初期費用（免許取得費用等）、アクチュアリー、法務やマネジメントサービス提供者に支払う手数料も考慮に入れた。さらに、純保険料を求めるにあたっては、損害の平均（期待）値、標準偏差値に追加して、キャプティブの支払い不能リスク（ruin probability）[4]に対する負荷を考慮して計算した。これは1％から10％の間で変動するとした。

　キャプティブが拠出する損害支払いの源は、保険料収入と備金の投資運用益からの2つの収入に頼ることとなる。また損害分布モデルは実際の過去の損害データから抽出したパラメータにより生成したモデルを使用するが、過去に発生した最大値と最小値を逸脱しないような限度額の条件設定下で、数値がモデルに従い変動するシミュレーション設定を行った。@RISKにはこれらの損害モデル間の相関係数も維持するように行い、特定したモデルでシミュレーションを行うような設定を行った。

②金利と為替

　我々は親会社とキャプティブの「システマティックリスク」、つまり市場変動に対する感度をあらわすベータ値を使って、資本資産価格モデル（CAPM：Capital Asset Pricing Model）により求めた期待収益率（つまり資本コスト）とキャプティブの投資活動による市場リスクの両方から割引率を求め使用した。つまり以下の資本資産価格モデル（CAPM）を使う。

$$R_e = R_f + \beta(R_m - R_f)$$

　ベータ値が1とは市場リスクに対する期待収益率と同値 R_m を示し、ベータ値がゼロは市場リスクが無い無リスク金利 R_f に等しいことを意味する。

　親会社のベータ値は東京証券取引所（TOPIX）で得られた2009年1月から2013年12月までのベータ値を利用し、データ数が十分に大きい（対象となるデータ規模が東京証券取引所で扱われる1774社）ので正規分布に従うとした。その確率モデルは正規分布に従うとしたが、データの最小値と最大値が-0.44と3.98間を逸脱しない（設定した限界値で変動する）と設定した。また、そのデータからモデルパラメータである平均値と標準偏差値はそれぞれ0.94と0.47と計算され使用した。

キャプティブのシステマティックリスクはゼロから1.5までの一様分布に従うとし、パラメータ設定した。無リスク金利、市場収益率の推定値は日本、米国、英国のアナリストからの情報で得た将来の推定値を用いた。

通貨に関しては、時系列t時において現地通貨で納めるべき初期投下資本金と保険料と同価な日本円通貨を、スポット・レートに基づいて親会社は支払う。同様にt+1時とt+2時で保険料を納めるために現地通貨で必要な金額を日本円で換算して支払う。

為替変動については、2004年6月から2014年6月までのトンプソンロイター社のDatastreamからのデータを入手した。データが十分に大きいので正規分布に従うモデルとした。本データから円はドルに対して、平均99.21円、標準偏差13.7520円で設定し、最小値と最大値が76.755と122.455間を逸脱しない（設定した限界値で変動する）とした。また、円はポンドに対して平均171.69円、標準偏差38.64円とし、最小値と最大値が117.581と248.4367間を逸脱しない（設定した限界値で変動する）と設定した。バミューダドルは米ドルと1対1で固定されているので、米ドルの為替変動がバミューダドルと同価である。

金利と同様に、キャプティブにおけるキャッシュフローの入出金は現地通貨で行われるものとした。t+3時におけるキャプティブの正味利益はt時まで割り引かれ、円転され適切な税金を納める。

我々は、為替は金利によって影響を受け、キャプティブの投資収益率と資本コストに影響をあたえるはずであると認識している。しかし、直近のHnatkovska, Lahiri and Vegh（2008）の研究によると、為替と金利との関係性は単純には説明できないとの実証結果を示している。しかし、本研究では為替と金利との関係性は過去の相関関係を将来も維持するという前提でモデル化し、@RISKのシミュレーション設定を行った。

第3節　分析結果と考察

シナリオ①において、すべての入力モデルを変化させた場合の株主価値のシミュレーション出力図が図7-2から図7-4である。図7-2はバミューダ・キャプティブ、図7-3はガーンジー・キャプティブ、そして図7-4はハワイ・

キャプティブの場合である。それぞれのドミサイルでの主要な分析結果は、表7-2、表7-3、表7-4で示したとおりである。これらは前述した4つのシナリオで各1万回の乱数を発生させて価値の変動を分布としてあらわしたものである。

シナリオ①は、再保険とファイナイトを利用し、すべての変数はパラメータ入力したモデル（または確率分布）により変動すると想定するケースである。シナリオ②は、再保険でカバーされない損害をキャプティブ自身が自家保有し、ファイナイトに頼らないと想定するケースである。シナリオ③は、キャプティブが、ファイナイトを利用せず、さらにリスク保有もしないで（pass through mechanism として機能し）すべて再保険に頼ったと想定するケースである。最後にシナリオ④は、再保険を利用せず、100％をファイナイトに頼るとしたケースである。

これらのモンテカルロ・シミュレーションの結果、キャプティブの正味現在価値はすべてのシナリオにおいて高い確率（95％以上）で正の現在価値を生み出すとの結果となった。Scordis, Barrese and Yokoyama（2007）の研究結果では、平均するとキャプティブが株主価値を生み出す可能性が低いが、特定する条件下では株主価値を生み出すとの結論であった。したがって、先行研究と本分析結果とは一見すると異なる結果であるように考えられる。しかし、この矛盾結果の原因は明確に説明できる。Scordis, Barrese and Yokoyama（2007）の研究はキャプティブが1年のみの期間で営業したことを想定したものである。一方、本研究は長い時間軸（3年の営業期間）で分析したものである。我々のシナリオの方がそれだけ資本を積み上げるだけの時間的な猶予があったと見るべきである。実際に、本研究においても先行研究同様な時間軸を短くするシミュレーションを行うと、正の現在価値を生成する確率が低下するとの結果を得た。このことからキャプティブは長期的な視点により運営すべきである。株主価値を生み出すという視点から判断すると、国内の元受保険市場が悪いからという理由で短期的にキャプティブを設立すべきではない。キャプティブは長期的な企業戦略の1つとして捉えるべきであろう。

また、本研究では3つのドミサイルにおいては、ほぼ同程度の高い確率で株主価値が生み出されることがわかった。変動係数（標準偏差を期待値で

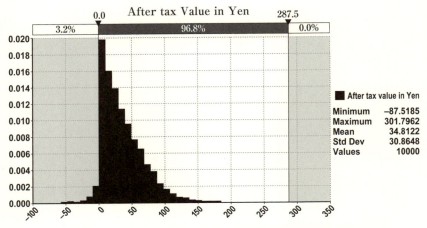

図7-2　バミューダ・キャプティブの株主価値確率分布

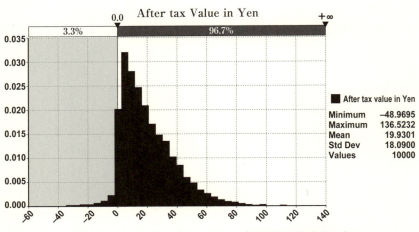

図7-3　ガーンジー・キャプティブの株主価値確率分布

第7章 日本企業キャプティブの株主価値　　151

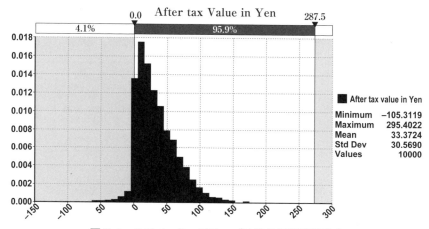

図7-4　ハワイ・キャプティブの株主価値確率分布

表7-2　バミューダ・キャプティブのシミュレーション結果

シナリオ	プラスの株主価値を生む確率	期待値*	標準偏差*	VaR (99%)*	最低値*	最高値*	変動係数
① すべて変動	96.8%	34.81	30.86	-13.3	-87.51	301.80	0.88
② ファイナイトなし	98.1%	33.67	28.17	-5.7	-70.40	193.97	0.83
③ ファイナイトなし、レトロ100%	100.0%	0.83	0.13	-	0.41	2.05	0.16
④ 100%ファイナイト、レトロなし	96.9%	78.05	45.22	-30	-166.82	355.83	0.57

*単位は千円

表7-3　ガーンジー・キャプティブのシミュレーション結果

シナリオ	プラスの株主価値を生む確率	期待値*	標準偏差*	VaR (99%)*	最低値*	最高値*	変動係数
① すべて変動	96.7%	19.93	18.09	-8.1	-48.96	136.52	0.95
② ファイナイトなし	98.0%	16.63	16.63	-3.5	-50.28	116.62	0.86
③ ファイナイトなし、レトロ100%	100.0%	0.08	0.08	-	0.15	0.82	0.22
④ 100%ファイナイト、レトロなし	97.1%	27.01	27.01	-16.7	-89.51	200.08	0.59

*単位は千円

表 7-4　ハワイ・キャプティブのシミュレーション結果

シナリオ	プラスの株主価値を生む確率	期待値*	標準偏差*	VaR(99%)*	最低値*	最高値*	変動係数
① すべて変動	95.9%	33.37	30.56	-17.8	-105.31	295.40	0.92
② ファイナイトなし	96.6%	31.75	28.1	-12.5	-71.47	190.20	0.91
③ ファイナイトなし、レトロ100%	100.0%	0.24	0.03	-	0.13	0.59	0.13
④ 100%ファイナイト、レトロなし	96.8%	76.14	44.6	-31	-167.80	349.00	0.59

*単位は千円

割った値）で比較すると、バミューダが一番低い結果となった。マイナスの価値を生む可能性［VaR（99%）: Value at Risk］で比較すると、ハワイが一番低く、ガーンジーが一番高かった。

　変動係数を詳しく比較すると、バミューダ・キャプティブのシナリオ①，②，③，④における変動係数はそれぞれ 0.88, 0.83, 0.16 と 0.57 であった。ガーンジー・キャプティブでは、0.95, 0.86, 0.22 と 0.59。そして、ハワイ・キャプティブでは 0.92, 0.91, 0.13 と 0.59 であった。よって、ドミサイルにかかわらず、リスク軽減する戦略としては変動係数が最も小さいのはシナリオ③である。つまり、キャプティブがリスク保有をせず、すべてを再保険者に移転し pass through mechanism として機能する、リスクカバーをすべて再保険者に頼ったとするケースである。すべてのドミサイルにおいてシナリオ③がその変動係数が一番小さく、かつマイナスの価値を生み出す可能性がゼロであるとの結果を得た。

　それに反して、シナリオ①である再保険とファイナイトの組み合わせ戦略が、価値を生み出す確率が一番低いとの結果を得た。価値の最大化の可能性がもたらされるのはキャプティブが比較的高いリスクを取ることによるからである。このシナリオ①では、すべてのドミサイルにおいて比較的高い変動係数とマイナス時の価値の下落が、シナリオ④の次に大きい傾向が見られた。図 7-5、図 7-6 と図 7-7 は各ドミサイルにおける各シナリオのリスクと価値の期待値の関係を表した図である。

　分析の結果、価値最大化戦略をとる日本企業はバミューダにキャプティブ

を設立することになった。一方、リスク最小化戦略をとる日本企業はガーンジーにキャプティブを設立する。リスクと期待価値の最適化の視点からは、日本企業はハワイよりもバミューダを選択するとの結果を得た。

本結果から、ハワイがタックスヘイブンとは扱われないため、節税効果があるとの理由からキャプティブの設立地とするのは株主価値の視点からは説明できない。第6章の分析結果と同様、タックスヘイブンであるかどうかは価値創造には関係ないとの結論である。本結果から、タックスヘイブンであるか否かよりも最低維持資本金や諸経費などドミサイルでの制度がキャプティブ価値に影響を与える。ただし、交通の便という点では、ハワイの方（飛行機直行便で約7時間）がバミューダ（飛行機でNY経由で約30時間）よりも日本企業にとっては交通や通信の便が良いのでハワイが好まれるのであろう。

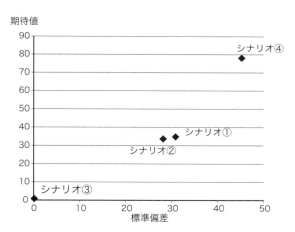

図7-5　バミューダ・キャプティブにおけるリスク（標準偏差）と価値の期待値

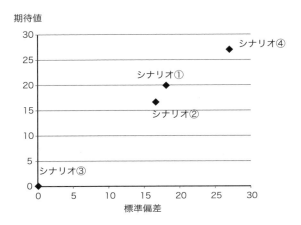

図 7-6　ガーンジー・キャプティブにおけるリスク（標準偏差）と価値の期待値

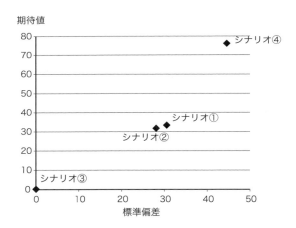

図 7-7　ハワイ・キャプティブにおけるリスク（標準偏差）と価値の期待値

　表 7-5 と表 7-6 はバミューダ・キャプティブにおける感度分析の結果である。表 7-5 では、ファイナイトによる付保率を 0％ から 100％（0, 10, 25, 50, 75, 100％）へと変化させることによる価値変動の変化を示している。本結果より、ファイナイトによる付保を増加させると価値を生む可能性は、若干で

表 7-5　感度分析
バミューダ・キャプティブでファイナイトの付保率変化による結果

シナリオ		プラスの株主価値を生む確率	期待値*	標準偏差*	VaR (99%)*	最低値*	最高値*	変動率
5-1	0%	98.1%	33.66	28.17	-5.7	-70.40	193.97	0.84
5-2	10%	97.2%	32.9	28.44	-10	-70.92	193.96	0.86
5-3	25%	96.4%	32.67	28.98	-15.2	-73.90	196.01	0.89
5-4	50%	96.5%	34.19	30.42	-17.5	-72.34	200.12	0.89
5-5	75%	96.8%	36.67	32.27	-15.3	-75.71	216.22	0.88
5-6	100%	97.2%	39.34	34.34	-12.8	-76.57	245.03	0.87

*単位は千円

表 7-6　感度分析
バミューダ・キャプティブの支払い不能確率（ruin probability）変動による結果

シナリオ		プラスの株主価値を生む確率	期待値*	標準偏差*	VaR (99%)*	最低値*	最高値*	変動率
6-1	1%	97.9%	39.36	32.34	-7.6	-111.80	259.68	0.82
6-2	5%	96.5%	33.63	29.74	-17.7	-125.85	237.06	0.88
6-3	10%	95.4%	30.72	28.45	-21.8	-133.34	225.01	0.93

*単位は千円

はあるが減少する傾向があるとの結果を得た。それぞれ対応する変動率は、0.84, 0.86, 0.89, 0.89, 0.88 と 0.87 と変化した。

また、同じバミューダ・キャプティブにおいて支払い不能確率（ruin probability）を1%から10%と変化させた感度分析の結果は表7-6で示すものである。支払い不能確率を上げていくと価値を生む確率は若干減少することが判明した。1%から10%の支払い不能確率の上昇で、価値を生む確率が2.5%減少した。それぞれに対応する変動率は、0.82, 0.88 と 0.93 であった。しかし、いずれのケースにおいても正の価値創造の可能性は95%以上であり、極めて高い確率で正の価値がキャプティブによりもたらされるとの結果であった。

第4節 結論

　本章では日本企業がピュアキャプティブを3つのドミサイル（バミューダ、ガーンジー、ハワイ）に設立するときに株主価値を創造できるか否かとの研究課題を探求した。我々は本研究課題において、モンテカルロ・シミュレーション法により現実的なデータを使用して分析を行った。また、近年盛んに使われている代替的リスク移転手法（ART：Alternative Risk Transfer）とERM（Enterprise Risk Management）を合成した概念を基にリスクをモデル化し、シミュレーションを行った。

　我々の分析結果、キャプティブは長期（3年）にわたって営業した場合、極めて高い確率で株主に価値をもたらすとの結論を得た。また、キャプティブが高い株主価値をもたらすのは、高い営業リスク（この場合、保険リスクと同等）をとることにより可能となることが明らかになった。まさに、「ハイリスク・ハイリターン」の原則がキャプティブにおいてもあてはまるのである。

　色々な代替的リスクファイナンス手法の中で、キャプティブでリスク低減する最適な戦略はすべての損害リスクを再保険契約でリスク移転することである。一方、価値の最大化をもたらす戦略は、再保険とファイナイト・リスクを同時に行い、マイナスのリスクを極小化すると同時に価値の最大化を狙うことである。

　注目した3つのドミサイルから日本企業が戦略により設立地を選ぶとき、リスクの極小化の戦略をとる日本企業はガーンジーにキャプティブを設立することを考える。一方、価値の極大化戦略をとる日本企業はバミューダにキャプティブを設立する。リスクと期待価値（リターン）のトレードオフの関係からは、ハワイよりもバミューダの方が効率良いと判断される。

　本章の結果から、過去の先行研究や本書6章が結論づけるように、キャプティブは価値を生み出す可能性が高いとの結論が導かれた。しかし、価値創造の観点から成功するキャプティブは、リスクを極小化し価値を最大化させる最適化が行えるような高度なマネジメント能力を必要とするのである。

[注]

1　Benett (1992) によると、按分比例法とは2つまたはそれ以上の保険契約が保険金の支払い分担を求められたときには、保険者たちは損害を比例割合で分担する。比例再保険のように、保険料および保険金は、合意された割合で分担される。
2　タイミングリスクは、損害がいつ起こるかわからないリスクである。ファイナイトは実質保険料の大部分を経験口座に蓄積し保険金支払いにあてるもので、もし蓄積が十分にされない間に損害支払いが迫られるとファイナイトが限度額までは補償してくれる。
3　貯蓄性のある保険の保険料に対しては、正味保険料から貯蓄部分を引いて計算した。これにより財物リスクと賠償リスクに対する保険料から過大評価分を排除した。
4　Doherty (1985) によると、保険会社の備金とサープラスがクレーム総額を上回っているときには、支払いを滞りなく行うことができるが、もしクレーム金額が備金とサープラスを上回った際には、保険会社が支払うことができなくなる。このような保険者にとって最悪な状態が起きる確率を *probability of ruin* とよんでいる。本稿ではこのような保険者の「支払い不能確率」とよぶことにした。この確率は保険料の中に反映されなければならない。その計算は Scordis, Barrese and Yokoyama (2007) を参照した。

第8章

リスクファイナンス
ファイナイト・リスク・プログラムのリスクマネジメントへの適用と問題点

第1節 はじめに

ファイナンス、リスクマネジメントと保険に関して数々の著書を出しているCulp（2005）は以下のような興味深い指摘をしている。

> Finite risk is under fire. Finite risk in 2005 has become what derivatives were 10 years ago: a hot button for controversy and a potential invitation to a long period of unpleasant investigation, litigation and perhaps, heaven forbid, new regulations.
> ファイナイト・リスクは現在危機に瀕している。2005年におけるファイナイト・リスクは10年前のデリバティブと同じ状態になってしまった。今ではファイナイトは、様々な議論や憶測の標的と化し、長期に及ぶ不愉快きわまりない監督官庁の調査や訴訟の対象となり、新たに規制を強化するべきものとなっている。

企業リスクマネジメントとして、また、キャプティブや保険に代わるリスク移転法として多く利用され、保険とファイナンスを融合した新たなリスクファイナンスの手法として期待されていたファイナイト・リスク・プログラム（以後、本章ではファイナイトとよぶ）がなぜこのように非難にさらされているのであろうか。もし、適切に利用されていれば、ファイナイト・リス

クは企業に付加価値をもたらすものであったはずであり、複雑で掌握困難化する国際リスクに直面する日本企業にとってはこのような新たなリスクファイナンス手法は必要であるはずである。

　本章では、リスクファイナンスとファイナイトが新たなリスクに対応するために有益であるが、反面、様々な問題点があることを論じたい。また、企業リスクマネジメントの国際比較分析も行う。ファイナイトを積極的にリスクファイナンスとして利用し、その結果経営破たんしたオーストラリアの企業と日本の企業のケースに注目する。それらの企業は、初期にはファイナイトによりリスクをコントロールし管理する目的のために利用していたのであるが、結果としてそのことが経営破たんにつながった。本章ではその原因の分析と考察を試みる。

第2節　国際リスクと4つの財務的リスク対応

　現代のビジネスにおいて、リスクはますます国際化している。我々は本節でこれら国際化したリスクを「国際リスク」と定義する。つまり、国際リスクとはある1つの国にリスク対象（Exposure：エクスポジャー）が所在するが、実際に顕在化したとき、他国の人々、企業、経済、政策などに直接的または間接的に影響を与えるリスクをいう。現代のビジネスにおいて、この国際リスクは他国に展開する企業だけにとどまらず、国内でのみビジネスをする企業にとっても大きな脅威となってきている。例えば、シカゴ商品取引市場での石油価格の上昇が日本国内の燃料費上昇につながり、工場操業のコスト上昇に伴い製品価格が上昇した。中国での毒入り冷凍餃子の問題は、日本国内で売られている食品全体の需要減をもたらした。米国で製造物責任訴訟を起こされた日本のメーカーのブランドイメージが著しく低下し、国内販売にも影響したことなど多くの例があげられよう。

　ポリティカル・リスク（political risk）またはカントリー・リスク（country risk）とよばれるリスクは、外国政府による企業資産の押収や凍結、国有化や監督規制強化などが原因で企業の財務的な損失をもたらすリスクであり、国際リスクの1つであるといえよう。またフォースマジョール・リスク［不可抗力（*force majeure*）によるリスク］も国際リスクに含まれる。海外で

の戦争、紛争、労働争議、犯罪、または洪水、地震、噴火などの自然災害などにより、企業資産が壊され、国際的に展開しているプロジェクトが停止してしまうことによる経済的な損失のリスクである。

　これらの国際リスクに共通していえることは、リスクがかなり複雑で、特定し可視化することが非常に難しい点にある。いつ、どの場所でリスクが顕在化（事故や事件が発生）し、どのようなメカニズムで直接的または間接的な損失を起こし、どの程度の経済損失があるのかを推定することはとても困難である。

　さらに国際リスクは、それが顕在化したときに、企業に巨大な損失を与える可能性をはらんでいる。タイの洪水により日本の自動車メーカーの製造ラインがストップしてしまったことは記憶に新しい。国際リスクに直面する企業は、前もって効率的で効果的なリスク対策を必要とする。そこで、国際リスクに対処するため企業は様々な対策を試みる。リスクを保有する（現有の短期資産や現金で対応する）ことはその１つであろうし、極端にはリスクを回避する（リスクを取らない行動をとる）こともリスク対応の１つであろう。

　仮に企業が企業価値向上のためにリスクを自らで処理したい（リスク保有）と考えた場合、最悪のケースが発生したシナリオを想定し、財務的なリスク対応策を事前に考えるべきである。その財務的影響を自前のキャッシュや短期資産などの現金化ですぐに対応したり、銀行や親会社など他社からの借り入れで調達したり、金融派生商品で対応したり、保険会社から保険金で担保してもらうなどの対応策が考えられる。

　我々は、リスクが顕在化した際に発生する損害の補塡や臨時費用のために、企業として取り得る資金調達の手法は下記の３つに大別されることを次節で論じる。つまり、

① 　ファイナンス（金融手法）によるリスク対応。
② 　保険（例えば、「グローバルプログラム」とよばれる国際企業包括保険契約）によるリスク対応。
③ 　金融と保険を融合させた保険商品での対応。

以降の節で、これら３つのリスクファイナンス手法のメリットとデメリットを議論しよう。

第3節 リスクファイナンス

(1) 金融手法を利用したリスクファイナンス

　金融市場を使ったリスク対応の利点は、取り引き金額が高額であること、流動性［換金性が高い（high liquidity）］が高いこと、そして支払いが即時に行われることである。また、金融市場を利用すると、多様で複雑なリスクに対応したデリバティブなどの金融商品が組成される可能性がある。金融市場の世界的な拡大により、そこでは豊富な資金が取り引きされ、様々なリスク趣向の投資家が存在するようになった。1990年以降発展してきた金融工学（financial engineering）の技術を利用すれば、様々なリスク対応の金融商品が組成され取り引きされているケースが数多く見られる。

　しかし、リスクを引受ける「カウンターパーティ・リスク［（counterparty risk）相対取引する企業の信用リスク］」「市場リスク［（market risk）システマティック・リスク］」さらに「システミック・リスク［（systemic risk）世界的に市場が縮小し崩壊するリスク］」などを十分考慮しなければならない。以下では金融商品を利用したリスクファイナンスについて分類化して、議論を進める。

①短期資本である現金や流動性の高い債券の売却により資金調達

　上記にあげたリスク対応策の中で即時に対応できるのがこの手法である。つまり、手持ち資産の中の換金性の高い流動資産（国債や短期債など債券）を市場で売って現金化し、それと手持ちの現金（キャッシュ）で損害対応の臨時費用や損失補てんに使うのである。

　リスク対応のためにキャッシュを積み立てることや換金性の高い債券をもつことはデメリットがある。これらリスク備金としての資産が、企業価値を生み出す資産投資に使用されない機会損失（opportunity cost）である。価値を生み出さないキャッシュは、将来いつ起こるかわからないリスクのために無駄に放置しているよりも、収益率の高いプロジェクトに投資したり、固定資産に投資することにより企業価値を生み出す方が株主や経営者にとって

有意義であるとの議論が起こるであろう。

　経営者は価値経営の原則のもと、高額なキャッシュをもつことは許されない。「もの言う株主」からは、キャッシュの高額積み立てよりも、配当増を求められ、高いリターンをもたらす企業買収に使うよう促される。例えば、高額なキャッシュを保有していると、そのキャッシュを担保として銀行から借り入れを行い、買収しようとする企業があらわれ敵対的買収を仕掛けてくる可能性もある。

　リスク対応に限定して資産を積み増しても、実際には他の目的で使用される可能性もあり、なかなか損害備金として別会計で積み立てしない限り、維持するのが難しいものである。また、第5章から第7章で議論したキャプティブなどを利用して無税での積み立てが可能であれば、企業としてはキャプティブの方が魅力的なはずである。

②ローンや負債による借入金による対応

　メインバンクである銀行に非常支援の形で融資を受けることによる対応がこれである。しかし、非常時に即時にかつ多額な金額を低利で借りることは困難であるので、コミットメント・ライン（commitment line）とよばれる融資枠で対応し資金調達できればよい。コミットメント・ラインは時間的にリスクを分散するには有効であり、リスク顕在化時の損害補てんや臨時費用に使えるだけでなく、リスクファイナンスに限定しない通常の正味運転資金の枯渇時や、プロジェクト・ファイナンスをする際にも使用することができる。

　しかし、通常このコミットメント・ライン（融資枠予約）には、不可抗力条項（フォースマジョール条項）が存在し、天災・戦争の勃発、電気・通信、各種システムの不通、障害によって貸付の実行が不可能となったと貸付人が判断した場合には、貸付義務が免責になる条項が存在する。これではフォースマジョール・リスクに対応できないので、特別にリスクを限定した貸付契約であるコンティンジェント・デッド〔(contingent debt) 災害時融資実行予約契約〕とよばれる事前借入契約を新たに結ばなければならない。

　図8-1にはコンティンジェント・デッドの仕組みを示した。コンティンジェント・デッドは、企業と特別目的会社（Special Purpose Vehicle, SPV

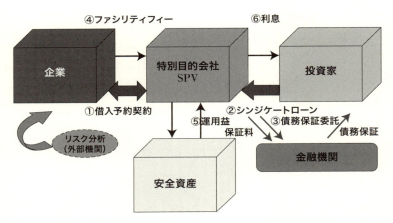

図8-1 コンティンジェント・デッドの仕組み（平常時）

と略す）との間で取り交わされる特定災害時の「融資予約契約」のことである。この特別目的会社SPVは、通常、オフショア（ケイマン諸島など）に設立されることが多い。特別目的会社の背後には、リスク趣向に見合った機関投資家が複数存在し、彼らは特別目的会社とシンジケートローンを組む。

このシンジケートローンは、部分的に信用の高い金融機関と債務保証契約を結び、特別目的会社はその保証料を金融機関に払って、この債務は保証される。それ以外は保証されない。この保証されるローン、保証されないローンの信用リスクは投資家が受け取る金利に反映される。

投資家は特別目的会社に元本を払い、約定に基づいて利息を受け取る。満期時には元本と利息を受け取る。企業は、融資予約料にあたるファシリティフィー（Facility fee）を特別目的会社に支払う。このファシリティフィーがリスクプレミアムに相当する。投資家から受け取った元本は、流動性の高い安全資産に投資され運用益のキャッシュフローを得る。通常、ファシリティフィーに相当するリスクプレミアムは、外部機関（例えば、地震や風水災は日本では応用RMS社やEQE社などの業者が存在する）によるリスク分析の評価次第で決定される。つまり、このリスク診断により推定された災害の頻度と規模［PML（Probable Maximum Loss）予想最大損害のこと］に応じて、保険料に相当するリスクプレミアムが決定されるのである。

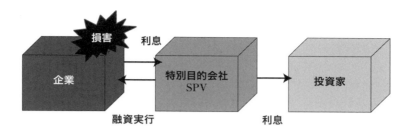

図 8-2　コンティンジェント・デッド（事象発生時）

図 8-2 にはコンティンジェント・デッドのスキームにおいて実際にリスクが顕在化した（事故が発生した）ときの、キャッシュフローの流れを示した。特定されたリスクが顕在化（発生）したとき、企業は融資を実行でき、損害費用や損害補てんなどの目的に資金を使用できる。融資が実際に実行された際、事前に約定された金利により企業は利息を特別目的会社に支払い、投資家はその利息を受け取る。

表 8-1 にコミットメントラインとコンティンジェント・デッドの比較を行った。コンティンジェント・デッドの利点は、リスクの顕在化時に融資を即時に実行でき、資金を利用することができる点である。また、投資家のニーズによっては、多額の資金を用意することができ、リスクを時間的に分散できることも有益な点である。

この仕組みは個々のケースで組成されるので、時間を要することが欠点の1つである。アレンジャーとよばれる投資銀行などの仲介業者によりスキームの組成能力や投資家を集める能力が異なることも考えられる。しかし、融資実行の条件としてのリスクが限定されることが条件となろう。したがって、巨額な融資が必要な地震や風水災などの大災害の備えとして組成するケースが多い。

図 8-3 は、2004 年 11 月 5 日に締結された、巴川（ともえがわ）製作所のコンティンジェント・デッドの仕組み図である。オリジネーターは巴川製作所で、地震災害時に災害復旧資金を目的として融資実行できるスキームである。アドバイザーはみずほ証券である。シンジケートローンの組成総額は40 億円で、そのうち 30 億円は政策銀行による保証がついているが、残り 10

表 8-1　コミットメントラインとコンティンジェント・デッドの比較

	コミットメントライン	コンティンジェント・デッド（地震リスクに対応したものを想定）
リスク分析	原則なし	原則、外部機関により地震リスク分析が必要
付加抗力条項（フォースマジュール条項）	天災・戦争の勃発、電気・通信・各種決算システムの不通・障害によって貸付の実行が不可能となったと多数貸付人が判断した場合は、貸付義務は免責	原則なし。但し、電気・通信・各種決算システムの不通・障害時は免責
信用のリスクの判断	被災後には、個別に判断する可能性あり	被災後の信用リスクも契約時（事前）に判断
直接の融資先	金融機関	特別目的会社等（SPV）
融資実行の不確実性	金融機関のデフォルトリスク、信用リスクの悪化	スキームの存続の限り、なし。
コスト	コミットメントフィー ファシリティフィー アレンジャーフィー・エージェントフィー	コミットメントフィー ファシリティフィー アレンジャーフィー・エージェントフィー 地震リスク相当のプレミアム（投資家への支払い） 地震リスク分析のための費用（外部機関への支払い）
一契約あたりのロット	小口対応可能	小口の場合、スキームの組成コストが割高に
オフバランス性	オフバランス	原則オフバランス

Contingent Debt Facility の仕組み図

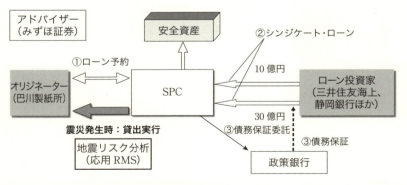

図 8-3　巴川製作所の地震災害時融資実行予約契約、およびシンジケート・ローン契約

出典：URL　http://www.dbj.jp/news/archive/rel2004/1108_pfi.html

億円は保証がない。投資家として、三井住友海上火災保険会社、静岡銀行、政策銀行などがローン契約者として融資の予約契約を行う。地震リスク診断は応用 RMS により行われた。

また、負債によるリスク対応としてコンティンジェント・デッドのほかにキャット（CAT）ボンド（Catastrophe Bond）がある。このキャット・ボンドは先般のコンティンジェント・デッドのシンジケートローンの部分が市場売買可能な債券（tradable securities）に置き換わったかたちをとる。

図 8-4 はキャット・ボンドの仕組みの一例である。図 8-4 にあるように、特別目的会社から投資家が債券を購入することでリスク資金を集める。

キャット・ボンドは以下の通りの手続きで組成される。

1. 損失予想を行う。例えば、特定する災害が地震であれば EQE、応用 RMS といったリスク診断の専門会社により行われる。
2. リスクの明確化、または、資金支払いの「トリガー（trigger）」の定義を行う。例えば、地震であれば、「パラメトリック・タイプ」とよばれる震度やマグニチュードといった指標をトリガーとするもの。または、「インデムニティ・タイプ」とよばれる累積損害額を指標としてトリガー・ポイントを設定するものの 2 つがある。

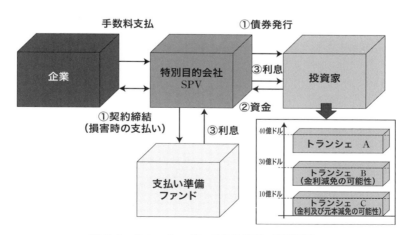

図 8-4　キャット・ボンドの仕組み（平常時）

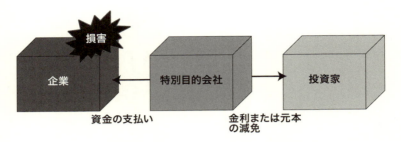

図 8-5　キャット・ボンド（事象発生時）

3. 特別目的会社により債券（bond）が発行され、投資家に販売される。2つや3つのリスクレベルに応じた「トランシェ（tranche）」とよばれるカテゴリーに分けて異なる条件の債券が発行されることが多い。図8-4の例では、「トランシェA」は安全資産、「トランシェB」は金利減免の可能性のある債券、「トランシェC」は金利および元本割れの可能性のある債券といったリスク分類である。
4. 各トランシェ債券の格づけを行う。損害予想を参考にして債券格づけ会社が、金利不払いや元本償還不能の可能性を評価し、各トランシェの債券格づけを行う。
5. 証券会社、投資銀行等のアレンジャーの援助により本債券、キャット・ボンドが販売される。

リスクの顕在化時（事故発生時）には図8-5にあるように、企業は特別目的会社から資金の提供を受け、投資家は金利や元本の減免を被る。

図8-6は1999年6月に発行されたオリエンタルランドのキャット・ボンドの仕組みである。これは、世界で初めて非保険会社である事業者が地震の証券化を行った事例で有名になった。

背景として、日本のオリエンタルランド社が米国ディズニー社に支払うライセンス料が地震のリスクにさらされているので、ディズニーがオリエンタルランドにこのリスク対応を強く求めたためにこのスキームが実施されたといわれている。

本件では、5年満期のキャット・ボンドが発行され、トランシェAとトラ

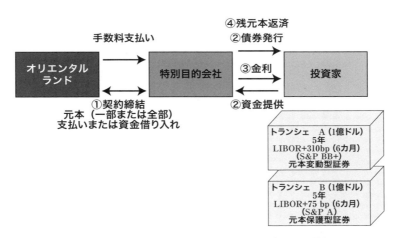

図 8-6　オリエンタルランドのキャット・ボンドの仕組み

ンシェ B の 2 種類のリスククラスの債券が投資家に販売された。トランシェ A は総額 1 億ドルで、LIBOR プラス 310 ベーシスポイント（3.1％）（6 カ月変動型）の金利を支払う。格づけは S&P 社により BB+ の格づけをとった。トランシェ A は元本割れが起こる可能性がある元本変動型債券である。一方、トランシェ B も総額 1 億ドルであるが、元本が保護された元本保護型債券で、LIBOR プラス 75 ベーシスポイント（0.75％）（6 カ月変動型）の金利を支払う。トランシェ B の格づけは S&P 社により A の格づけをとった。

③資金調達（債券または株券引受け）保証による対応

　負債または資本金提供を企業が再保険会社との間で事前に取り決めを行うコンティンジェント・キャピタルといった契約がある。これは対象となる事象が発生したときに、資金調達元（再保険会社が多い）が企業の発行する債券または増資する株式を、事前に決められた金利で融資実行、または約定株価で購入し資金を提供することを約束する仕組みである。企業はこの事前に資金を調達できる保証契約のためコミットメントフィーである保証料を支払う。

　資金調達元である再保険会社はこのリスクヘッジのため、リスク嗜好が高い投資家に本リスクを対象にした債券または株券を発行し、資金を得ること

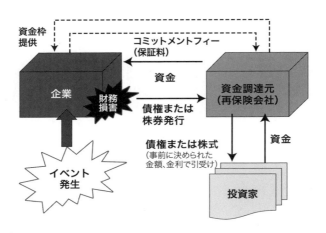

図8-7　コンティンジェント・キャピタルの仕組み

で資本調達を行う。このスキームは前掲のコンティンジェント・デッドと仕組みが非常に似ており、再保険会社が特別目的会社の代わりに企業と投資家との間をとりもち、資金調達を保証する役割を担っている。

　コンティンジェント・キャピタルの事例は日本では見かけないが、海外では一例としてカナダ・ロイヤル銀行と再保険会社が、優先株の取り引きを決めたコンティンジェント・キャピタルの例がある（図8-7）。この事例では、対象とするリスクが、ロイヤル銀行ローンポートフォリオの悪化時がトリガー事象と設定し、優先株の発行と引受けを再保険会社がコミットメントした。保証期間は5年で支払い限度額が2億ドルのスキームであった。本契約により、トリガー事象を心配することなくロイヤル銀行がより高いリターンをもたらすコア・ビジネスに資金を投入するができた。

　また他の事例として、ミシュランが銀行と保険会社のシンジケートとの間で、劣後債の取り引きを保証契約した例がある。対象リスクはミシュランの成長率が悪化したとき、または買収や提携で資金が必要になった場合で、劣後債発行をこのシンジケートがコミットメントした。この保証期間は、12年と長期の保証契約であった。ミシュランはこの契約により、金融危機に直面しても資金調達の原資を確保できた。

④**金融派生商品（デリバティブ）によるリスク対応**

　オプションやスワップ契約を利用して、リスクに対応するデリバティブが最近多くみられるようになった。公表されるものの多くは、保険会社が地震などの巨大で広域なリスクのためのキャパシティー（支払い能力または保険の引受け能力のこと）向上を目的として、機関投資家から資金を調達している。しかし、一般事業者が保険会社や銀行などの金融機関と、信用リスク、雪害や天候不順（多雨、低温）といったリスクに対応したデリバティブ契約をする事例も多く報告されている。

　デリバティブは保険ではなく金融商品であるので取り扱いが保険とは異なる。しかし、相対するリスク引受け会社はリスクを熟知する保険会社が多い。デリバティブ契約は保険よりも支払い条件がわかりやすいのが特徴である。デリバティブは、トリガーとなるイベントと支払い額が明確に定義されている。「特定した某地点で震度6以上の地震が観測されたとき5000万円支払います」といったような明らかな事象である。そこで使用されるトリガーとなる事象は、一般的に公表される客観的なデータであり、誰もが明確に判断できるものが選ばれている。保険会社もこの客観的なデータの過去の統計値を使ってリスクプレミアム（保険料に相当するフィー）を算出することができるのである。

　ただし、この金融取引がいわゆる「ギャンブル」でないことの妥当性を問われないよう、支払い金額の客観化を行うことが必要である。つまり、その事象により企業が支払い額相当の損害を被ることが客観的に立証される必要がある。このように、ギャンブルのような過度な支払いにならないチェックを、保険会社はしなければならない。

　トリガーとなるイベントが決められており、支払い金が事前に決められているデリバティブ契約は「ベーシスリスク（basis risk）」を伴う。「ベーシスリスク」とは、企業の被害金額と受け取り金額が完全に一致しないリスクのことである。実際の被害が受け取り金額よりも小さい、逆に、被害より受け取り額が大きくなり益金となる場合もある。デリバティブ契約と違い保険契約は、基本的には実損てん補（実際の損害額を支払う）の契約なので、ベーシスリスクが存在しない。

　また、デリバティブの利点は即時に契約金が支払われることである。保険

は損害査定により調査期間を要するので、即時支払いという点ではデリバティブには及ばないと考えられる。さらに、デリバティブは客観的なデータが存在すればどのリスクにでも対応し組成できる。つまり個々の企業リスクに対応したオーダーメードのリスク取引が可能である。相対する保険会社の引受け能力、リスク嗜好、提示するリスクプレミアムにより契約が成立するかどうかが組成を左右する。天候デリバティブなどはその典型例である。天候不順のような逆選択により保険になりにくいリスクも、企業はデリバティブ契約が成立すればリスクヘッジができるのである。

一方その欠点としては、組成までの期間や事務コスト、または保険料に相当するリスクプレミアムを考えるとき、保険契約よりもかなり割高なコストを支払うことになる可能性が高い。

デリバティブの事例として、中京フロンと保険会社との間で交わした地震デリバティブをここにあげよう（表8-2）。中京フロン株式会社は資本金8000万円で従業員16人の会社であり、フロンガスの回収、破壊、再生を事業とする会社である。その事業内容から、広域災害である東南海地震に際して、廃棄物としてフロンガスの回収のニーズが最も高まるであろうことが、デリバティブの締結理由であろうと想像がつく。その需要時に、中京フロン自ら事業が継続できない状態であるのは企業の存続に関わる最大のリスクであるとの認識で、このデリバティブ契約が組成された。デリバティブからの資金は復旧費用と雇用の安定を目的としている。

本仕組みのリスクプレミアムは明らかにされていないが、本契約は観測地点の愛西市稲葉町において震度6以上の地震が発生した事象がトリガーとなり、5000万円が保険会社から中京フロンに即時に支払われる契約である。1年のオプション契約である。この契約も、観測点、事象（この場合、地震の

表 8-2　中京フロン株式会社の地震デリバティブの事例

観測地点	愛西市稲葉町
観測期間	1年間
トリガー	震度6以上の地震が発生した場合
ペイオフ	5000万円

出典：甲斐・宍戸・加藤（2012）『心とお金を繋ぐ地域金融』

震度）とペイオフ（支払い金額）の3つの要素が明確でわかりやすい。地震の発生は観測地点において客観的に観測されるので、支払いのトリガーに関して疑問は生じないであろう。なお、保険のように損害調査や査定にかかる時間はデリバティブにはない。リスクプレミアムは保険のように安価ではないと予想されるが、保険会社、事業者双方にメリットがあり、ニーズが合致すると即時に成立するのである。

表8-3にこれまで議論してきた様々なリスクファイナンス手法と特徴をまとめた。

(2) 金融と保険を融合したリスクファイナンス

①ファイナイトの仕組み

本節では保険と金融を融合したリスク対応手法であるファイナイト・リスク（Finite Risk）に焦点をあてて議論する。

保険は「大数の法則」と「中心極限定理」の原則のもとに成立しているので、保険料は「大数の法則」に基づいて計算される。よって、保険はリスクが同類の多数で構成される集団から保険料を徴収し、リスクを多数の被保険者に分散するので、安価で均一な補償を提供できるのである。また、デリバティブのようなベーシスリスクが保険には存在せず、保険料も経費として処理される節税のメリットもある。自動車事故や火災、風水災や運送中の事故、信用リスクなど様々なリスクに対応した保険が開発され商品化されているが、保険会社のキャパシティー（支払い能力）は保険会社の財務能力に左右されることは金融市場と比べると劣るといえるかもしれない。

一方、保険以外のリスクファイナンス[1]の世界では、対象となる企業のリスクを厳密に査定しなければならないので組成のための事務コストが大きく、保険と比べて補償の対価が高額になる可能性が高い。また、リスクファイナンスでは「逆選択」の問題、つまり、高リスクの企業が保険の契約をしようとする問題が大きい。さらに、前述した「モラルハザード」の問題、つまり、保険契約により被保険者のリスク軽減がおろそかになることも同時に考慮しなければならないのである。これらのリスク引受け上の諸問題は、保険会社は認識しており、取り引きが契約に至らないことや、契約したとしてもその

表8-3 リスクファイナンス手法とその特徴

手法	保有・移転	支払い即時性	ベーシス・リスク	商品の個別性	事務コスト	会計	備考
自己資本（準備金）	リスク保有					オンバランス	リスクを限定することなく、資金需要が発生した場合に活用。
コミットメント・ライン	リスク保有	リスク顕在化から資金が手元に入るまでの時間が短い。		契約内容が比較的標準化されており、契約までの時間を要さない。			・資金需要が発生した場合に活用（一部免責あり）。 ・リスクの時間的分散をはかるうえで有効な方法。
コンティンジェント・デット	リスク保有			オーダーメードの商品であるため、スキームの組成に時間を要する。	リスク移転商品に比べ、相対的に低い（返済義務は生じる）。		・災害・事故発生後の流動性確保に活用。 ・リスクの時間的分散をはかるうえで有効な方法。
地震保険	リスク移転	リスク顕在化の後、損害調査・査定を要するため、支払いまでに一定の時間を要する。	実際の損害額が支払われる。	契約内容が比較的標準化されており、契約までの時間を要さない。	多数のものを相手とし、比較的標準化されており、他のリスク移転商品より比較的低い。	オフバランス	・地震の規模にかからず、損害の規模に対して支払われる。 ・操業中断に関する保険化は困難。
地震保険デリバティブ	リスク移転	リスク顕在化の後、支払いまでの時間が短い。	一般的に、実際の損害額と支払われる金額との間にギャップが生じる可能性がある。	契約内容が一定程度標準化されており、契約までの時間をさほど要さない。	個別性が高く、従来の保険に比してコストが高くなる。		地震による損害発生を支払い要件としないので使途の多様性が高い。

リスクプレミアムが高額になってしまう。

　これら2つの手法であるファイナンスと保険を融合した保険契約がファイナイト・リスク・プログラム（本章では今後「ファイナイト」とよぶ）とよばれるものである。ファイナイトは英語で"Finite"であるが、日本語で「限定的」という意味である。保険会社が支払う保険金額が「限定的」なのである。一般的な保険は、一事故の保険金額が設定されるが、ある事故が起こって支払いが実施されても、次の事故には保険金額が減額されずに復元する仕組みをとるのが一般的で、限度がないといってよい。逆にファイナイトは保険期間（一般的に複数年の契約期間）で支払い額に限度がある。ファイナイトは金融と保険を融合したハイブリッドな手法といえるのは、企業とリスクの取り引きを行う保険会社がリスク引受け人でもあり融資提供者でもあるという両方の役割を果たすからである。

　ファイナイトは一般的には2つの形態、将来型（prospective）と遡及型（retrospective）のいずれかの形態をとる。将来型ファイナイトは、通常の保険の仕組みと同様に、まだ起こっていない将来の損害リスクに対する補償を提供するものである。一方で遡及型ファイナイトは、既に発生した事故を補償するものである。この遡及型ファイナイトの1つに「ロス・ポートフォリオ・トランスファー（Loss Portfolio Transfer）」とよばれるものがある。

　ロス・ポートフォリオ・トランスファーは事故が発生しているがまだ支払われていない、または請求がされていないような総支払い額が未確定な損害を、定額で保険会社に移転し補償するものである。例えば、保険業を閉鎖したい会社、自家保険でリスクを保有していた会社が他社に吸収合併する際に将来の損害クレームを完済してしまいたい会社、またキャプティブ保険会社を閉鎖したい企業などがロス・ポートフォリオ・トランスファーを使うことが多い。

　将来型と遡及型の一番の違いは、将来型ファイナイトは将来発生するであろう損害に対する備金の期待値と実際の損害額の差を補償するものであるのに対し、遡及型ファイナイトは発生してしまった損害に対する備金の期待値と実際の支払い額の差を補償する点である。

　図8-8は、累積補償金額が10億ドル、5年契約の将来型ファイナイトをイメージした図である。累積10億ドルは5年間という時間軸で補償される

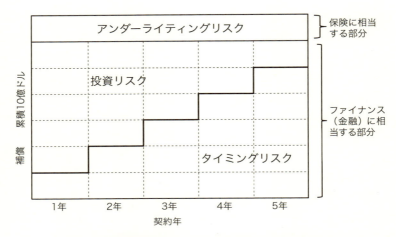

図 8-8　累積補償額が 10 億ドル、5 年契約のファイナイト

出典：International Risk Management Institute Inc.（2008）"*Risk Financing: Insurance Cash flow and Alternative Funding Vol.I*," に基づき筆者が作成

支払い限度額である。これ以上は支払われないので、限度（finite）がある。この限度がある補償金額は、ファイナンス（融資または積み立て備金、つまり「投資リスク」と「タイミングリスク」と表示された部分）で補償される下部と、保険（「アンダーライティングリスク」と表示された部分）で補償される上部の 2 つから形成されているのが特徴である。

　図 8-8 のファイナンス（金融）に相当する部分の保険会社内の積み立て口座を経験口座（Experience Account）とよぶが、この口座において契約者が払う保険料の大半の部分が蓄積されることにより備金が形成される。この備金は保険会社により投資・運用され、プラスのキャッシュフローを生む。契約前に金利を約定し、プラスの残高には約定金利がつき利益を生み出すが、残高以上の損害が発生したときには、限度額までは融資が実行される。このように保険会社からの融資というかたちとなった場合には、事前に取り決められた金利で保険会社が融資を提供するかたちをとるのである。もちろんこの部分は融資なので、金利を付けて 5 年にわたって支払わなければならない。この点で、ファイナイトで保険会社は契約者の信用リスクを引受けていることも注目しなければならない。

興味深いことは、この経験口座が相対取引会社である保険会社によって管理される点である。保険会社は損害期待値に等しい融資の予約枠を設定するので、そのコミットメント料（融資予約フィーに相当する）を契約者に課すとともに、上部分を保険として補償を提供しているために保険料もまた課すのである。したがって、ファイナイトの保険料は普通の保険よりかなり高額になる。経験口座で管理されている備金の投資はすべて保険会社により投資・運用されている。投資益は部分的に（約定した金利で）この経験口座に還元される。

ファイナイトは、「金融再保険」ともよばれているが、センターリー再保険会社の創設者（1988年）のグラックスターン（Steven Gluckstern）氏とパーム（Michael Palm）氏が、現在一般的にファイナイトとよばれる取り引きを初めて行ったといわれている［Tymon（2002）］。当時、ファイナイトは保険会社がある特定のリスクに対して、再保険を使ってリスク分散するという特別な目的のために約定された任意再保険契約であった。この仕組みのオリジネーターは再保険ブローカーや再保険会社自身であったのだが、次第に仕組債（structured finance）のようにファイナイトは複雑なものに変化していった。

ファイナイトは1990年代後半から2000年代初期に非常に頻繁に取り引きされた。この時期は、キャプティブが欧米の企業に多く設立された時期と同じくしている。この年代のファイナイト取引の増加の理由は、キャプティブが自らの財務能力でリスクを引受けできない部分を、資本金投下を必要としないファイナイトで補填したこと、また、キャプティブのリスク保有額と再保険でリスク移転する中間部［メゼニン（mezzanine）］部をファイナイトで埋めたことによる。

②日本におけるファイナイトの事例

2004年、燃料の製造・販売会社であるシナネン株式会社が損保ジャパンと交わしたファイナイト契約が会社のウェブサイトで公表された。その記事によると、このファイナイトは土壌汚染リスクを補償するものであり、漏えい事故が発生した際に高額の汚染浄化費用の補償を目的として契約されたとある。保険期間は3年。保険金支払い限度額は4.5億円。自己負担額：5000万円または6500万円（1事故／1施設）。追徴・返戻：無事故の場合、保険料

の相当額が保険契約者に返戻される。事故が多ければ追徴保険料が発生すると公表されている。

③ファイナイトの利点

ファイナイトには様々な利点があった。Culp（2002）によると、ファイナイトにより、収益変動やキャッシュフロー変動を軽減できること、借り入れ能力が向上すること、保険による引受け金額が増加すること、倒産リスクコストを軽減できること、リスクコストの情報入手ができること、そして統合リスクマネジメントができることなどがあると論じている。

我々は、ファイナイトにより保険会社のリスク引受けの態度が軟化したのではないかとも考える。特に相対取引における「逆選択」や「モラルハザード」が大幅に解消される点が大きいと考える。例えば、複雑で顕在化の可能性の高いリスクを保険として引受けるにあたっては、保険会社としては本来引受けないリスクをファイナイトにより引受けたという経緯があったのではないか。

契約者がファイナイトに支払う保険料は、その大部分が備金積み立てに相当する積み立て金であるため、通常の保険料よりかなり高額になると既に述べた。リスクを引受ける保険会社はファイナイトによるこの保険料に魅了された可能性も高い。当時の米国の金融市場の高騰を背景に、ファイナイトからの高額な保険料を運用し得る投資益に魅了された保険会社は多くあったであろう。しかし、ファイナイトに関わった保険会社は保険リスクとはちがったリスクを抱えることになった。

次節においてファイナイトのこのリスクが顕在化し、結果として保険会社の財務危機と経営危機につながった事例を検証し、日本の保険会社とオーストラリアの保険会社の事例からファイナイトの問題点、つまり保険と金融を融合したリスクファイナンスの問題点を検証したい。

第4節　金融と保険の融合の問題点
ファイナイトが起因した保険会社の倒産

(1) 日本の保険会社の経営破たん

　2001年11月、大成火災海上保険会社は総額4131億円の負債が発覚し、経営破たんに陥った。そのうちの744億円がある特定の任意再保険取引による負債であることが発表される。当時の安田火災（現在の損保ジャパン）は大成火災と合併し救済した。2002年に同じく安田火災保険会社と合併した日産火災もまた、同じ再保険取引によって482億円もの負債を計上しなければいけなかったと発表した。よってこの合併は、実質的には安田火災による日産火災の救済であったのである。さらに、あいおい損保保険会社は、日産火災と同じく440億円の負債が発覚、損失処理しなければならないと公表した。これらの保険会社の経営破たんや財務的な危機のニュースは一見異なる事象のように見受けられるが、実際には同一の再保険契約が原因であった。

　これらの保険会社は、世界の航空会社の飛行機事故を補償する再保険プール[2]に関わっていたのである。そして、その背後には再々保険としてファイナイトが利用されていた。図8-9に大成火災、日産火災とあいおい損保が関わっていた再保険の仕組みを表示した。

　航空会社はその国に所在する元受保険会社を通じて航空保険を購入する。この元受保険会社による保険証券発行は、各国の海外付保規制があるので必要であった。しかし、元受保険会社はフロンティング会社[3]としての役割を果たすだけで、大半のリスクはフォートレス再保険プールが引受けた。フォートレス再保険プールは、あいおい損保が48％、日産火災が26％、大成火災が26％を保有し、航空リスクを共有する保険プールであった。さらに、フォートレスは大損害リスクに備えるため、再々保険としてファイナイトと通常の任意再保険契約を利用した。このようにして、大損害が顕在化する可能性のある航空機事故のリスクを、保険プール、再保険とファイナイトの仕組みを使ってリスク分散を図ったのである。

　2001年9月11日に米国において9.11同時多発テロが発生し、フォートレス保険プールを引受ける大成火災、日産火災、あいおい損保は、この9.11

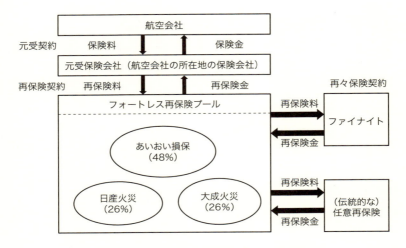

図 8-9　フォートレス再保険プールの仕組み
出典：あいおい損保 IR と金融財政事情（2001.12.17）

テロに伴う巨額の補償を支払わなければならなくなったのである。
　格付け会社の Fitch 社が以下を報じたことは注目すべきである。

> as a result of 9/11, approximately 6 billion U.S. dollars were concealed in a "black box" by finite risk.
> 9.11 の結果、ファイナイトにより約 60 億ドル（約 6000 億円）もの金額がブラックボックスに覆い隠された。

　この記事により、フォートレス社以外にも数多くのファイナイトが 9.11 事件により影響を受けたことがわかる。
　一般的に考えると、9.11 は異常な事件で、その損失を偶然ファイナイトが支払わなければならなかったと結論づけることができよう。しかし、ファイナイトにまつわる問題点はそれ以上に根が深かった。
　金融財政事情（2011）によると、これら日本の保険会社が一事故支払い限度額を 4 万ドルとしていた以外、総引受け金額、総引受け件数、引受け種目、保険形態、相手先といった再保険契約においてきわめて重要な項目につ

いて認識していなかったとある。それが事実だと、日産と大成の経営トップがファイナイトの存在を知らなかった、最悪のシナリオを想定した経営判断をしていなかった、フォートレス社の代理店へ一任委託したお粗末な契約をしていたと推測されるのである。

9.11の結果として、莫大な保険金がファイナイトから支払われることになるが、ファイナイトから支払われる保険金は、その大部分が融資であるので、前述したように約定した金利を上乗せして返済しないといけない。すなわち保険金支払いによる補償ではなく、負債として計上されなければならないのである。その債務が財務諸表に反映されていなかったことが発覚したのである。

「ファイナイトは収益を出し続けていた」「フォートレス再保険会社の代理店は日産よりも交渉力に長けていた」「フォートレス再保険のビジネスモデルを変えることができなかった」といった意見を当時の経営陣は述べているが、前述のファイナイトの仕組みからわかるように、ファイナイトは大きな利益を生むことが予想できる取り引きではない。したがって、考えられるのは、払い済み保険料から得られる投資益と満期時の保険料の返還を収益と理解したのであろう。むしろ、フォートレス再保険を仲介していた代理店からの保険でもうかるという"うまい話"に乗ったのではないかと憶測されるのである。

Culp（2002）はファイナイトの特徴とその問題点を次のように指摘している。

> The finite risk has a bonus feature when claims end up as a low amount. He calls this "low claims bonus" of finite risk. If premium plus investment income minus loss payments results in surplus, the surplus is reverted to the corporation who pays the premium for the fund. According to Culp [2], this low claim bonus is one of the essential features of most finite risk but this feature also creates other problems when abused.

ファイナイトは保険金支払いが低額であったとき、ボーナスを被保険者に支払う特徴を有する。これをファイナイトの低保険金ボーナスとよん

でいる。もし、支払った保険料と備金からの投資益が保険金支払いより多くの剰余金を生んだ場合、保険料を払った企業にその剰余金を還元することになっている。この低保険金ボーナスが多くのファイナイトの重要な特徴の1つなのであるが、この特徴があるためにファイナイトを悪用するという問題を生んだのである。

(2) ファイナイトの問題点

　この日本の事例からファイナイトの問題点を整理すると、以下の点が列挙できる。第一に、ファイナイトにおける信用リスク、タイミングリスクの理解が困難なことである。前記のフォートレスリーの契約は1991年の契約であった［金融財政事情（2001）］。当時ファイナイトのような金融再保険は保険業界では極めて珍しいものだった。そのため経営者がファイナイトの本質を理解しなかったのは納得できるであろう。社内の関係者もファイナイトの目的や内容を正確に理解していたとは考えられない。

　第二に、ファイナイトが長期契約である点である。3年から5年の保険期間が設けられ、中途の解約ができない仕組みである。その間、リスク引受けする相手は、大きな信用リスクを背負う。契約者は経験口座のマイナス残高を負債として返済する義務を負う。

　第三に、真のリスクの負担者は誰なのかが明確でない点である。つまり、保険なのか？　積み立てなのか？　予約枠を設定した融資なのか？の点が明らかではない。実質の保険部分となるリスク移転が一部であるにもかかわらず、全体を「保険」として良いのであろうかという疑問が残る。

　当時の一般的な保険業界の指針「10/10」ルールによると、「少なくとも10％の損害発生確率があり、さらに10％のリスク移転」があることが保険となる条件となっている。Fitch社の「20/20ルール」も存在したが、どちらが正しいのか明確ではない。米国の会計基準FAS113号が再保険に関する記載によると「再保険契約には合理的に十分なリスク移転があること」としか明記されていない。さらにこの基準は明確な法的に拘束される指針ではないのである。中央青山監査法人では本指針では「合理的に十分な」ことを説明することは困難であると解説している。ファイナイトはこのように会計

上保険として扱って良いかどうかの問題点がある。この会計上の問題が露呈した事例が、2005年にAIG社とゼネラルリー再保険会社との間でファイナイト契約を使って粉飾決算をしていたと米連邦検察当局が提訴した事件であり、AIG社はその後、粉飾を認め決算の修正を行っている。

(3) 日本の監督庁のファイナイトの問題に対する対応

日本の金融庁のファイナイト契約に対する対応は全体的に様子見であった。大成火災、日産火災事件後の日本の規制当局、監督官庁である金融庁のファイナイト対応は実質なかった。

後藤（2005）によると、過去の日本でのファイナイトに関する動向として以下の項目をあげている。

- 1998年6月、財務再保険（ファイナイト）認可。
- 2005年8月、損保協会がIAISにファイナイトの規制に関する要望書を提出。
- 2006年3月の経済産業省のリスクファイナンス研究会ではリスクファイナンスの復旧に向けての報告書の作成。

日本では、今まで第百生命、東邦生命、東京海上、大成火災、日産火災、あいおい損保などの保険会社がファイナイトを契約した経験があることが判明している。前述したように、2004年にはシナネンが損保ジャパンと契約した石油漏洩による土壌汚染リスクは、ファイナイトによるリスクファイナンスである。今後の日本におけるリスクファイナンスの発展のために、このような制度上の問題点は解決しなければならない。

(4) オーストラリアの保険会社の経営破たん

2001年3月1日に当時オーストラリアで2番目に大きいHIH保険会社が倒産した。このHIHの倒産にも複数のファイナイトが関わっていたと判明した。メディアの報道によると、HIH社の倒産劇はオーストラリアの経営史上最大の経営破たんであるとのことである。後日判明したことは、経営破たんの原因が、備金の著しい積み立て不足と利益の水増しにあった。オーストラリア証券投資委員会（Australian Securities and Investment Commission）によると、HIHの破たんにより、50億豪ドルの支払い損害、200万豪ドルの

無価値な保険証券、53億豪ドルの負債の合計100億豪ドルを超える損失規模に至ったということだ。

2003年4月4日、HIHロイヤル調査委員会が出した最終報告書の中身を分析し整理すると、同社が行っていたファイナイト取引によるソルベンシー強化策が実態以上に報告されていたことが判明する。Stravropoulos (2003) によると、もしファイナイト取引が存在しなかった場合、本件が発覚する数年前にこの会社は倒産していたはずであると指摘する。さらに彼は、HIH社はファイナイトを使うことにより複数のケースで粉飾決算を行う犯罪を行っていたと糾弾している。

HIHロイヤル調査委員会のコミッショナーの報告書では、HIHの不正が以下の項目で行われていたことが指摘されている。

- 既に発生した損害の備金をオフバランスしていた。
- ファイナイトの将来受け取る再保険金を当期利益として計上し、将来の保険料支払いを過少に申告していた。
- リスクがほとんど移転していない契約を再保険契約としていた。
- ファイナイト取引の添え書きを隠蔽していた。

本事例で判明したファイナイトの問題は以下の2点に集約される。

1. ファイナイトは全体として保険なのか融資（ローン）契約なのかが不明瞭なこと。
2. ファイナイトが保険とみなされるのであれば第三者（保険会社）へのリスク移転はどの程度必要なのかが不明確なこと。

この事例は、ファイナイトの基本的な問題点が露呈し大きな損害に至ったケースである。しかし、大成火災や日産火災のファイナイトに関するケースとは異なり、HIH社のケースはファイナイトの複雑な仕組み、利点、保険とファイナンスの隙間を巧みに利用した意図的な隠蔽工作で悪質な粉飾決算であったことである。

第8章　リスクファイナンス　185

(5) オーストラリア規制局の対応

　HIH 問題発覚後、オーストラリアの規制局の対応は迅速、かつ徹底したものであった。さらにその報告書の情報開示も行われた。具体的には、事件直後に特別調査委員会「HIH ロイヤルコミッション」の立ち上げ本倒産の経緯の詳細な調査の開始、その調査結果は 2003 年 4 月 3 日には公開した。その中では、4 つの疑わしいファイナイト取引の詳しい経緯報告と問題点の指摘している。

　ロイヤルコミッションは現状の規則も変更しなければならないとの提案書に答申している。その答申では、ファイナイト取引が会計上どのように取り扱われるかを明確に定義すること、さらに企業を監査する監査法人の独立性を強化することも盛り込んでいる。そしてそのために APRA（Australian Prudential Regulation Authority）の政府からの独立性を強化することと企業の取締役による統治（corporate governance）の強化も同時に行わなければならないと提言している。

　その報告書に対応して、監督庁は規準（Prudential Standard）の改定を行った。具体的には 2002 年 7 月に「Prudential Standard GPS230」の保険会社の支払い備金の開示に関するルールの作成をしている。その後、2006 年にはこのルールは再度改定されている。この改定された GPS230 と、それに対応する GPS245 において、ファイナイトとリスクの保険以外の代替手法に関しては別々に規定し、明文化された。オーストラリアにおいては、GPS230 で金融再保険（ファイナイト）が正しく使用されるように制度化されたのである。

　さらに、保険監督庁である ISC（Insurance and Superannuation Commission）はファイナイトに関する会計上の取り扱いに関するルールを作成した。そこでは、ファイナイトを「リスク移転の部分（保険）」と「ファイナンス（融資）部分」とに分解し、保険の部分は保険として扱い、保険料の費用計上は認められる。明確に分解できないファイナイトは金融商品と扱うとした。もし、ファイナンス部分が大きくない、"immaterial" と認められる場合には全体を保険として扱うとした。

　しかし、まだ懸念材料として残るのは、どの程度をもってファイナンス部

分が大きくないと判断されるかということである。だが、本件におけるオーストラリア政府の対応は非常に迅速であり、HIH社と同じ悲劇を繰り返さないといった覚悟が見受けられる。このような新たなリスクファイナンス手法の悪用や理解不足が別のリスクを生まないように、企業内のリスクマネジメント部署が十分に機能し、その手法を適切に運用すべきである。また、国の監督局、国際機関なども新たなリスクファイナンス手法を理解し、その制度上の問題点を洗い出し、業界の変化に対応した規制を作成すべきであろう。

(6) 他国のファイナイトへの対応

世界でもファイナイトの悪用が問題として取り上げられ、国際機関であるIAIS (International Association of Insurance Supervisors) は、リスク移転、情報開示とファイナイトの分析に関して詳細なガイドラインを作成し、各国に提供している。

そのガイドラインによると、ファイナイトが保険であるかの問題に留まらず、ファイナイトの悪用の可能性に関しても指摘している。そのガイドラインもオーストラリアの基準と同様にファイナイトを保険として認めるには「顕著なリスク移転(significant risk transfer)」が必要であるとしている。「顕著なリスク移転」とはリスク移転者とリスク引受け者の間で相互に「顕著である」ことが認識されるだけではなく、監督局との間でも理解の共有が求められるとしている。しかし、このIAISのガイドラインは強制ではなくあくまで標準化のためのものであり、各国の監督局の裁量に委ねられるものである。その中では、オーストラリアの対応、米国の対応、カナダの対応を具体的な参考例として紹介している。

第5節　おわりに

本章では、企業を取り巻くリスクが国際化し、そのリスクマネジメントが困難なものとなってきていることから議論を進めた。1つの国の出来事が他国に影響を及ぼすリスクのボーダレス化が、企業経営を益々困難にしている。そのような多様で複雑化するリスク環境下で企業は、そのリスク対応策として伝統的な保険や金融派生商品（デリバティブ）だけに頼るだけでな

く、それらを織り交ぜた統合的な対応策もとるようになってきた。本章では1990年から2000年初期に組成された様々なリスクファイナンス手法を紹介し、その利点と欠点を分析、金融と保険を融合したファイナイトへと議論を発展させた。

ファイナイトは保険とファイナンスを混合したハイブリッドな保険である。しかしその特異性から、新たな問題点が露呈した。本章ではファイナイトにより経営破たんした日本の保険会社とオーストラリアの保険会社の事例をあげ、ファイナイトはリスク対策として多くの利点があるが、問題点も大きいと指摘した。オーストラリアの保険会社では、経営者によりファイナイトを悪用していたケースも議論した。今後これらのリスクファイナンス手法に対応するためには、その仕組みの十分な理解と、当事者間だけではなく監督局との間で新たなリスクファイナンスに関する深い議論が必要である。

[注]

1　ただし、著者は「保険」も「リスクファイナンス」の1つであると考えている。
2　Benett（1992）によると、Pool（プール）とは特定の種目の保険において保険料および損害を協定した割合で配分しあうことを承諾した保険者の連合体。プール引受けは、主に例外的に大きな危険、例えば原子力危険などの危険分散手段として使われる。
3　Fronting。海外付保規制のため、航空会社は母国の保険会社を通じて航空保険を購入しなければならない。その保険会社は再々保険（この場合再保険プール）の出先機関的な役割を担い、保険料の大部分を再保険プールに支払うのである。

参考文献

第1章

Akerlof, G.A. (1970), "The Market for Lemons: Quality Uncertainty and the market mechanism." *Quarterly Journal of Economics*, Vol. 84, pp. 488-500.

Arrow, K.J. (1963), "Uncertainty and the Welfare Economics of Medical Care," *American Economic Review*, Vol. 53.

Bernstein, L. Peter (1996), *Against The Gods*, John Wiley & Sons, Inc.(ピーター・バーンスタイン著、青山護訳『リスク　神々への反逆』日経新聞社).

Brealey, R. A, S.C. Myers and F.Allen (2014), *Principles of Corporate Finance, Global Edition*, McGraw Hill.

Crockford, Neil (1986), *An Introduction to Risk Management, Second Edition*, Woodhead-Faulkner, Cambridge.(ニール・クロックフォード著南方哲也訳『リスクマネジメント概論』晃洋書房).

Doherty, N. A. (2000), *Integrated Risk Management: Techniques and Strategies for Reducing Risk*, McGraw Hill Companies.(ニール・A・ドハーティ著、森平爽一郎・米山高生監訳『統合リスクマネジメント』中央経済社).

Graham, J.R. and S.B. Smart (2012), *Introduction to Corporate Finance, Third Edition*, South-Western.

Hoffman, D.G. (2002), *Managing Operational Risk 10 Firm wide Best Practice Strategies*, Global Association of Risk Professionals (GARP), John Wiley & Sons Inc.

Holstede, Geert (1995), "Insurance as a Product of National Values." *Geneva Paper of Risk and Insurance 20*, No. 77, pp. 423-429.

International Risk Management Inc. (1996), *Glossary of Insurance and Risk Management Terms, Sixth Edition*.

Jensen, M.C., and W.H. Meckling (1976), "Theory of the Firm: Managerial Behavior, Agency Costs and Ownership Structure," *Journal of Financial Economics*, 3, pp. 305-360.

Markowitz, H. (1959), *Portfolio Selection: Efficient Diversification of Investments*. John Wiley & Sons Inc.

Mayers, D. S. and C.W. Smith (1982), "On the Corporate Demand for Insurance," *Journal of Business*, 55 pp. 281-296.

―――― (1990), "On the Corporate Demand for Insurance: Evidence from the Reinsurance Market," *Journal of Business*, 63 pp. 19-40.

森宮康（1985）『リスクマネジメント論』千倉書房．
─── （1996）『保険の基本』日経文庫．
Ross, S.A., R.W. Westerfield and B.D. Jordan (2008), *Essential of Corporate Finance Sixth Edition*, McGraw Hill.
酒井泰弘（2006）『リスク社会を見る目』岩波書店．
─── （2010）『リスクの経済思想』ミネルヴァ書房．
Samuelson, P. A. (1977), "St. Petersburg Paradox: Defanged, Dissected and Historically Described," *Journal of Economic Literature*, Vol. 15.
Smart, S.B., L.J.Gitman and M.D.Joehnk (2014), *Fundamentals of Investing*, 12th Edition, Pearson.
Smith, C.W.Jr and R. Stulz (1985), "The Determinants of Firms' Hedging Policies," *Journal of Financial and Quantitative Analysis*, 28, pp. 391-405.
杉野文俊（2014）『保険とリスクマネジメント　トータルに理解する』白桃書房．
von Neumann, J. and O. Morgenstern (1944), *Theory of Games and Economic Behavior. Princeton*, Princeton University Press.

第2章

Fouque J. and J.A. Langsam (2013), *Handbook on Systemic Risk*, Cambridge University Press.
International Risk Management Institute (2013), *Risk Financing: Strategies for Insurance Cash Flow and Alternative Funding, Vol.1*, II.J.9, Exhibit II.J.4, IRMI, Inc.
Krembs, J. and R.W. Kingsbury, M&MPC (1987), "Assessing Business Interruption Interdependency Exposures," *John Liner Review*.
前田祐治（2003）「事業中断リスクとその評価手法（シナリオ分析）」『びわこ経済論集』第2巻第1号、滋賀大学大学院経済経営研究会、17-26頁．
Neil A Doherty (1985), *Corporate Risk Management A Financial Exposition*, McGraw-Hill.
西口敏弘・アレクサンダ・ボーデ（1999）「カオスにおける自己組織化　トヨタ・グループとアイシン精機火災」組織科学、第32巻第4号、58-72頁．
リスクマネジメント規格活用検討会・野口和彦編著（2009）『ISO31000リスクマネジメント解説と適用ガイド』日本規格協会．
Vincent C. C., Touch Ross & Co. (1987), "Business Interruption Insurance for Manufacturers: A guide to Coverage and Claim Presentation," *Journal of Accountancy*.

第3章

Barron's Business Guide (1995), *Dictionary of Insurance Terms, Third Edition*, Barron's.

Head, G.L. as an editor (1995), *Essentials of Risk Control, Third Edition*, ARM 55, IIA, Insurance Institute of America.

International Risk Management Institute (1996), *Glossary of Insurance and Risk Management Terms, Sixth Edition*, International Risk Management Institute.

Luker W. P. (2000), *HPR-The Stamp of Success*.

Factory Mutual (2001) *FM (Factory Mutual) Data Sheet*, Factory Mutual

FM Global (2014), URL: http://www.fmglobal.com/default.aspx, Access at 15:00, 7/27/2014

前田祐治 (2004)「リスクマネジメントと HPR『高度に防災設備を施された企業物件』」『びわこ経済論集』第3巻第1号、滋賀大学大学院経済経営研究会、2-11 頁。

National Fire Protection Code (2013), Chapter 13, "*Installation of Sprinkler Systems*," National Fire Protection Association.

第4章

Akaike, H. (1973), "Information Theory and Extention of the Maximum Likelihood Principle," *2nd International Symposium on Information Theory*, Akademiai Kiado, Budapest, pp. 267-281.

Andersen, L.N. (2009), "Subexponential Loss Rate Asymptotics for Lévy Process," *Mathematical Methodology Operation Research*, 73, pp. 91-108

海老崎美由紀 (2009)『保険データの読み方と考え方』保険毎日新聞。

Gerber, H.U. (1979), *An Introduction to Mathematical Risk Theory*, S.S. Huebner Foundation for Insurance Education, University of Pennsylvania.

Hogg R.V. and S. A. Klugman, (1984), *Loss Distributions*, Wiley.

伊藤清 (1991)『確率論』岩波基礎数学選書、岩波書店。

Maeda, Y., N. Moriwaki and Y. Miyahara (2005), "On Modeling U.S. Product Liability Risk - An Empirical Analysis-," Working Paper No. B-5, Center for Risk Research, Shiga University, pp. 1-20.

Mikosch T. (2009), *Non-Life Insurance Mathematics: An Introduction with the Poisson Process*, Second Edition, Springer.

宮原孝夫 (2003)『株価モデルとレヴィ過程』朝倉書店。

Morales, M. (2004), "On an Approximation for the Surplus Process Using Extreme Value Theory: Application in Ruin Theory and Reinsurance

Pricing," *North American Actuarial Journal*, pp. 46-66.

Perera, R.S. (2010), "Optimal Consumption, Investment and Insurance with Insurable Risk for an Investor in a Lévy Market," Insurance: Mathematics and Economics 46.3, pp. 479-484.

ロイ L. リアドン、ジョージ M. ニーカム原著、平野晋監修 (1997)『アメリカの PL 法　日本企業のための実務指針』財団法人商事法務研究会。

坂元慶行・石黒真木夫・北川源四郎 (1982)『情報量統計学』共立出版株式会社。

佐藤健一 (1990)『加法過程』紀伊国屋書店。

Sato, K. (1999), *Lévy Processes and Infinitely Distributions*, Cambridge University Press.

Schoutens, Wim. (2003), *Lévy process in finance: Pricing Financial Derivatives*, Wiley.

第 5 章

Adkisson, J.A (2006), *Captive Insurance Companies- An Introduction to Captives, Closely-Held Insurance Companies, and Risk Retention Groyup*, iUniverse

Bawcutt, P.A (1991), Captive Insurance Companies- Establishment, Operation and Management, Witherby (P.A バウカット著、日吉信弘・斎藤尚之共訳 (1996)『キャプティブ保険会社　その設立と運営』保険毎日新聞社).

International Risk Management Institute Inc. (2013), *IRMI's Risk Financing, Strategies for Insurance Cash Flow and Alternative Funding*, Appendix B: Non-US Domiciles, International Risk Management Institute.

岸本建男 (2004)「沖縄から覆す東京天動説」日経ビジネス誌 2 月 16 日版、日本経済新聞社。

Lenrow G.I., J.H. Brainerd, J.Hall and M.S. Heritz (1982), "Captive Insurers: Pitfalls and Practicabilities," *Best's Review*, Vol. 82, 12.

マーシュブローカージャパン (2001)『キャプティブ保険会社のご案内』マーシュ。

森宮康 (1997)『キャプティブ研究』財団法人日本損害保険事業総合研究所。

日本損害保険協会 (2004)『日本の損害保険ファクトブック』日本損害保険協会。

日経ビジネス誌 (2003)「特区が日本を変える」3 月 24 日版、日本経済新聞社。

沖縄県、内閣府 (2004) 日本経済新聞 3 月 16 日版、20 頁。

沖縄県名護市 (2003 年)「特区が日本を変える。胎動する金融特区」日経ビジネス誌 3 月 24 日版、日本経済新聞社。

沖縄県名護市市役所 (2004)「国際情報通信・金融特区構想」
URL：http://www.city.nago.okinawa.jp/kinyu/index.html

東京電力・海外再保険子会社（キャプティブ保険会社）テプコ・リーホームページ URL：www.tepco.co.jp/cc/press/02102901-j.html
Sierk, R.W. III (2008), *Taken Captive The secret to capturing your piece of America's multi-billion dollar insurance industry*, Risk Management Adviser's Inc.
吉澤卓哉（2001）『企業のリスクファイナンスと保険』千倉書房。

第 6 章

Adams, M. and D. Hillier (2000), "The Effect of Captive Formation on Stock Returns: An Empirical Test from the UK," *Journal of Banking and Finance*, 24(11), pp. 1787-1807.
Bawcutt P.A updated by C. Hadley (2011), "European Captive Scene," *International Risk Management Institute's Risk Financing Volume I*, IV.J.I-11, International Risk Management Institute.
Business Insurance (2013), "*Special Report: Captives Grow as Economy Recovers*," March 11, 2013 issue, pp. 19-24.
Captive Insurance Companies Association (2012), *CICA: 40 years of captive leadership*, Newton Media Limited.
Benett C. (1992), *Dictionary of Insurance*［木村栄一監訳（1996）『保険辞典』財団法人損害保険事業総合研究所］.
Diallo, A. and S. Kim (1989), "Asymmetric Information Captive Insurers' Formation, and Managers' Welfare Gain," *Journal of Risk and Insurance*, 56(2), pp. 233-251.
Doherty, Neil (1985), *Corporate Risk Management-A Financial Exposition*, McGraw Hill.
池内光久・杉野文俊・前田祐治（2013）『キャプティブと日本企業　リスクマネジメントの強化にむけて』保険毎日新聞社。
KPMG Japan, "*Foreign Dividend Exclusion*," http://www.kpmg.or.jp/knowledge/glossary/tax_fde.html, Web Accessed Sept 3, 2013 10:53 AM.
Luxembourg for business, http://www.luxembourgforbusiness.lu/headquarters, Web Accessed Sept 3, 2013 10:53 AM.
前田祐治（2005）「キャプティブ保険によるリスクファイナンス　世界と日本」『保険学雑誌』第 590 号、72-89 頁。
Maeda, Yuji and Y. Sakai (2007), "Risk Financing through Captive Insurer: Economic Influences of Captives on Corporations and the First Domicile

in Japan," *Journal of Risk Research*, Vol. 10, Issue 6, pp. 793-803.

Maeda, Y., Y. Suzawa and N. Scordis (2011), "Shareholder Value: The Case of Japanese Captive Insurers," *Asia-Pacific Journal of Risk and Insurance*, Volume 5 Issue 1 Article 3.

Maeda, Yuji (2012), "Demand for Captives and Domiciles: Why are Countries and States Rushing into Captives?" *Kwansei Gakuin University Social Sciences Review*, Vol. 17, pp. 45-62.

Scordis, N. and J. Barrese and M. Yokoyama (2007), "Conditions for Captive Insurer Value: A Monte Carlo Simulation," *Journal of Insurance Issues*, 30(2) pp. 79-101.

Scordis, N. and M. Porat (1998), "Captive Insurance Companies and Manager-Owner Conflicts," *Journal of Risk and Insurance*, 365(2), pp. 319-330.

Stewart, F. Hale (2010), *"U.S. Captive Law: Insurance Law,"* iUniverse, 2010.

第7章

Borch, Karl (1961), "Some Elements of a Theory of Reinsurance", *Journal of Risk and Insurance*, 28(3) pp. 35-43.

Diallo, A. and S. Kim (1989), "Asymmetric Information Captive Insurers' Formation, and Managers' Welfare Gain," *Journal of Risk and Insurance*, 56(2) pp. 233-251.

Garven, J. and J. Lamm-Tennant (2003), "The Demand for Reinsurance: Theory and Empirical Tests," *Assurances et Gestion des Risques*, 71(2) pp. 217-238.

Hnatkovska, Viktoria, Amartya Lahiri and Carlos Vegh (2008), "Interest Rates and the Exchange Rate: A Non-monotonic Tale," NBER Working Paper Series, www.nber.org/papaers/w13925.

小暮雅一（2010）『保険の数学　生保・損保・年金』保険毎日新聞社。

Maeda, Y. Y. Suzawa, N. Scordis (2010), "Shareholder Value: The Case of Japanese Captive Insurers," *Asia-Pacific Journal of Risk and Insurance*, Vol. 5, Issue 1, Article 3, pp. 1-22.

Meier, U. and F. Outreville (2006), "Business Cycles in Insurance and Reinsurance: The Case of France, Germany and Switzerland," *Journal of Risk Finance*, 7(2) pp. 160-176.

Ministry of Economy Trade and Industry (2006), "Report of Risk Financing Study Group (in Japanese)," White Paper/Survey, METI.

Scordis, N. and J. Barrese and M. Yokoyama (2007), "Conditions for Captive Insurer Value: A Monte Carlo Simulation," *Journal of Insurance Issues*,

30(2) pp. 79–101.

Scordis, N. and M. Porat (1998), "Captive Insurance Companies and Manager-Owner Conflicts," *Journal of Risk and Insurance*, 365(2) pp. 319–330.

第 8 章

Banks, Erik (2004), *"Alternative Risk Transfer-Integrated Risk Management through Insurance, Reinsurance and the Capital Markets,"* John Wiley & Sons Inc.

Culp, L Christopher (2002),*"The ART of Risk Management,"* John Wiley & Sons Inc.

Culp, L Christopher (2005), "The Uses and Abuses of Finite Risk Reinsurance," *Journal of Applied Corporate Finance*, Vol. 17, No. 3

Culp, L Christopher (2006), *"Structured Finance and Insurance,"* John Wiley & Sons Inc.

Global Reinsurance (2003), "F is for… Finite Reinsurance," June 2003, p. 44.

後藤和廣(2005)『リスクマネジメントと保険』損害保険事業総合研究所、85–89 頁。

International Association of Insurance Supervisors (2006), "Guidance Paper on Risk Transfer, Disclosure and Analysis of Finite Reinsurance," http://www.iaisweb.org

International Risk Management Institute Inc. (2008), *"Risk Financing: Insurance Cash flow and Alternative Funding Vol. I,"* IRMI.

甲斐良隆・加藤進弘(2004)『リスクファイナンス入門』金融財政事情研究会。

甲斐良隆・宍戸栄徳・加藤進弘編著(2012)『心とお金を繋ぐ地域金融』関西学院大学出版会。

金融財政事情研究会(2001)『週刊金融財政事情』12 月 17 日、28–30 頁。

久保英也(2009)『保険の独立性と資本市場との融合』千倉書房。

広瀬尚志監修、天崎裕介・岡本均・椎原浩輔・新村直弘著(2003)『天候デリバティブのすべて 金融工学の応用と実践』東京電機大学出版社。

Ministry of Economy, Trade and Industry (2006), White Papers/Reports *"Report of the Risk Finance Study Group,"* http://www.meti.go.jp/

ニコラ・ミザーニ 丁野昇行訳(1999)『保険リスクの証券化と保険デリバティブ』シグマベイスキャピタル。

Sabastian von Dahlen (2007), "Finite Reinsurance: How does it Concern Supervisors? Some Efficiency Considerations in the Light of Prevailing Regulatory Aims," the Geneva Papers, The International Association for Study of Insurance Economics, pp. 283–300.

Skipper Jr., Harold D. and Kwon W. Jean, editors (2007), *"Risk Management and Insurance: Perspectives in a Global Economy,"* Blackwell Publishing.

Smithson, W. Charles (1998), *"Managing Financial Risk, Third Edition,"* Irwin/McGraw Hill.

Stravropoulos, Basil (2003), "Reinsurance in the HIH royal commission," *Australian and New Zealand Institute of Insurance and Finance Journal*, vol. 26, no. 4 Aug./Sept. pp. 15-19.

Swiss Re Sigma Publication (2003), "Finite Risk Reinsurance," *the picture of ART*, No. 1.

Tymon, Oscar, and Lane, Morton as an editor (2002), *"Alternative Risk Strategies,"* Risk Books.

索　引

アルファベット

APRA (Australian Prudential Regulation Authority)　185
HIH　183
HPR-Japan　58
IAIS　183
IBNR　76
ISC　185
ISO　2, 33
ISO31000　33
LIBOR　169
NFPA　62
PML　70
VaR (99%)　152

ア行

IRI 社　57
アイシン精機　43
赤池情報量基準　86
ジョージ・アカロフ　13
アクチュアリー　143
@Risk　90
アマゾン　115
ザカリア・アレン　58
アンギラ　94
アンダーインベストメントの問題　26
アンダーライター　16
EQE 社　164
一様分布　143

インデムニティ・タイプ　167
AIG 社　183
エクスポジャー　39
HIH ロイヤル調査委員会　184
NEC 規格　62
FM 規格　62
FM 社　57
エンタープライズ・リスクマネジメント　141
欧州経済共同体　116
応用 RMS 社　164
オーストラリア証券投資委員会　183
オフショアキャプティブ　140
オリエンタルランド　168

カ行

ガーンジー　93, 94
蓋然性　1
カウンターパーティ・リスク　162
加法過程　74
カントリー・リスク　160
ガンマ分布　75
期待効用　4
規模の経済　29
逆ガウス分布　76
キャット (CAT) ボンド　167
強制保険　28
共同保険　12
グラックスターン　177
グループキャプティブ　113
グローバルプログラム　161

経験勘定方式保険　13
経験口座　145
ケイマン諸島　94
限界効用逓減の法則　4
ケンパー保険会社　57
構外利益事業中断リスク　44
効用　4
効用曲線　9
コスト・オブ・リスク　97
コミットメント・ライン　163
コルモゴロフ・スミルノフ検定　86
コンティンジェント・デッド　163
コントリビューション・マージン　54
コンバインド・レシオ　97

サ行

サービスプロバイダー　102
再々保険　118
裁定取引機会　98
財務再保険　183
最尤法　81
サプライ・チェーン　42
サンクトペテルブルグのパラドックス　4
GEグループ　70
自家製レバレッジ　18
自家保険　95
仕組債　177
自己選択のメカニズム　18
市場リスク　162
指数分布　75
JIS規格　62
システマティックリスク　19
システミック・リスク　162
シナネン株式会社　177

ジブラルタル　113
資本コスト　26
資本資産価格モデル　19
ジャスト・イン・タイム　42
純粋リスク　1
純保険料　8
情報の対称性　13
情報の非対称性　13
シンジケートローン　167
スイス　113
スウェーデン　113
ステークホルダー　10
製品保証キャプティブ　100
切断正規分布　75
ゼネラルリー再保険会社　183
相関係数　20
相互依存事業中断リスク　44
遡及型保険料算出保険　13
租税特別措置法　107
ソフトマーケット　69
ソルベンシー・マージン　143

タ行

代替的リスクファイナンス　141
対数ガンマ分布　75
対数正規分布　75
大数の法則　173
タックスヘイブン　125
タックスヘイブン税制　107
ダブリン　110
ダブルトリガー　1
中心極限定理　173
直接事業中断リスク　44
DCF法　117
データストリーム　120

デルファイ　115
投機リスク　1
トータル・コスト・オブ・リスク　41
特別目的会社　163
ドミサイル　94
トヨタ　43
トランシェ　168

ナ行

名護市　101
二項分布　7
任意再保険取引　179
ジョン・フォン・ノイマン　4
ノルウェイ　113

ハ行

ハードマーケット　68
バーモント州　94
バミューダ　93
パラメトリック・タイプ　167
パリセード社　90
バルバドス　94
パレート分布　75
ハワイ　93, 140
PML（Probable Maximum Loss）　164
PL法　73
非システマティック　19
ピュアキャプティブ　110
標準偏差　1-2
ブアー分布　75
ファシリティフィー　164
プーリング　29
フォースマジョール条項　163

フォースマジョール・リスク　160
フォートレス再保険プール　179
不確実性　1
複合ポアソン過程　74
ブレーンストーミング　36
フロンティングフィー　118
分散　1
分離均衡理論　18
平衡準備金　116
ベーシスリスク（basis risk）　171
ベータ値　147
ダニエル・ベルヌーイ　4
ベルヌーイの定理　7
ベンクタンダー分布　75
法人セル会社　113
ポートフォリオ　19
ポートフォリオ理論　21
保険ブローカー　102
保険料税　143
保護セル会社　113
ボトルネック　46
ボラティリティ　1
ポリティカル・リスク　160

マ行

マーチンゲール　74
ミクロネシア連邦　101
メゼニン　177
免責金額　12
モーメント法　81
オスカー・モルゲンシュテルン　4
モンテカルロシミュレーション法　93

ヤ行

UL 規格　62
ユタ州　94
予想最大損害額　60

ラ行

楽天　115
ランオフ　118
リードタイム　48
リーマンショック　43
リスクエンジニア　61
リスク細分化　16
リスク調査書　61
リスクプレミアム　9
リスクマップ　36
リスクマネジャー　69
ルクセンブルグ　94
レヴィ過程　74
レヴィ測度　75
レター・オブ・クレジット　105
レトロ　142
レモンの問題　13
レンタ・キャプティブ　114
ローンバック　100
ロスコントロール　58
ロスチャイルド＝スティグリッツモデル理論　18
ロス・ポートフォリオ・トランスファー　175

割引現在価値（DCF法）法　93
ワンリスク　49

ワ行

ワイブル分布　75

【著者略歴】

前田 祐治（まえだ ゆうじ）

関西学院大学専門職大学院経営戦略研究科准教授、博士（経営学）、同志社大学工学部電気工学科卒、インディアナ大学 MBA（ファイナンス）、滋賀大学経済経営リスク専攻博士後期課程修了。日本リスク学会奨励賞・日本地域学会田中啓一賞受賞。
ケンパーグループ・ランバーメンズ保険会社、マーシュ・ジャパン（株）、東京海上日動保険会社、滋賀大学准教授を経て現職。
共著書に『キャプティブと日本企業　リスクマネジメントの強化にむけて』（保険毎日新聞社 2013 年）、監訳書に『ビジネス統計学　原書 6 版　Excel で学ぶ実践活用テクニック』（丸善出版 2014 年）など。

装幀　土屋みづほ

関西学院大学研究叢書　第 164 編

企業のリスクマネジメントとキャプティブの役割

2015 年 3 月 31 日初版第一刷発行

著　者　前田祐治

発行者　田中きく代
発行所　関西学院大学出版会
所在地　〒662-0891
　　　　兵庫県西宮市上ケ原一番町 1-155
電　話　0798-53-7002

印　刷　株式会社クイックス

©2015 Yuji Maeda
Printed in Japan by Kwansei Gakuin University Press
ISBN 978-4-86283-189-7
乱丁・落丁本はお取り替えいたします。
本書の全部または一部を無断で複写・複製することを禁じます。